Windows® XP
Guía Visual

Visual

Por
maranGraphics®

y

ST EDITORIAL

Windows® XP Guía Visual

Publicado por
ST Editorial, Inc.
Edificio Swiss Tower, 1er Piso, Calle 53 Este,
Urbanización Obarrio, Panamá, República de Panamá
Apdo. Postal: 0832-0233 WTC
www.steditorial.com
Correo Electrónico: info@steditorial.com
Tel: (507) 264-4984 • Fax: (507) 264-0685

Para información general de nuestros productos y servicios o para
obtener soporte técnico contacte nuestro Departamento de Servicio al
Cliente en los Estados Unidos al teléfono 800-762-2974, fuera de los
Estados Unidos al teléfono 317-572-3993, o al fax 317-572-4002

For general information on our products and services or to obtain technical
support, please contact our Customer Care Department within the U.S. at
800-762-2974, outside the U.S. at 317-572-3993, or fax 317-572-4002

Library of Congress Control Number: 2003104816

ISBN: 0-7645-4104-8

Publicado por ST Editorial, Inc.

Impreso en Costa Rica por Trejos Hermanos Sucesores S.A.

Declaración de Marcas Registradas

Permisos

Algunos comentarios de nuestros lectores...

"Yo tengo que alabarlos a ustedes y a su compañía por los magníficos productos que han desarrollado. Tengo doce de los libros de la serie Simplificado y Aprenda VISUALMENTE. Fueron fundamentales para ayudarme a superar la dificultad de un curso de computación. Gracias por crear libros fáciles de entender".
-*Gordon Justin (Brielle, New Jersey)*

"Los felicito por sus esfuerzos y por su éxito. Soy profesor en un programa comunitario de la Biblioteca Dr. Eugene Clark en Lockhart, Texas. Sus libros Aprenda VISUALMENTE son increíbles y los uso en mis clases de computación. ¡A todos mis estudiantes les encanta!"
-*Michele Schalin (Lockhart, Texas)*

"Gracias por ayudar a las personas como yo a aprender sobre computadoras. La familia Maran sencillamente es lo que el médico me recetó. Gracias, gracias, gracias".
-*Carol Moten (New Kensington, PA)*

"Me gustaría aprovechar esta oportunidad para enviar mis cumplidos a maranGraphics por crear estos libros magníficos. Gracias por hacerlos sencillos. Continúen con el buen trabajo".
-*Kirk Santoro (Burbank, California)*

"Les escribo para extenderles mis agradecimientos y me aprecio por sus libros. Son sencillos, fáciles de entender y directos al punto. Continúen con el buen trabajo".
-*Seward Kollie (Dakar, Senegal)*

"¡Vaya fantásticos libros que han producido! Felicidades a ustedes a su equipo. Se merecen el premio Nobel en la categoría de enseñanza de la computación. Gracias por ayudarme a entender las computadoras".
-*Bruno Tonon (Melbourne, Australia)*

"Con el paso del tiempo, he comprado varios de su serie de libros "Lea menos, aprenda más". Para mí, son LA mejor forma de aprender lo que sea fácilmente".
-*José A. Mazón (Cuba, New York)*

"Fui introducido a maranGraphics hace alrededor de cuatro años y ¡USTEDES SON LA COSA MÁS GENIAL QUE LE HA PASADO A LOS LIBROS DE COMPUTACIÓN¡"
-*Glenn Nettleton (Huntsville, Alabama)*

"¡Cumplidos para el jefe! ¡Sus libros son extraordinarios! ¡O, simplemente digan que tienen un nivel Extra-Ordinario en relación con el resto! ¡GRACIAS GRACIAS GRACIAS! por crear estos libros".
-*Christine J. Manfrin (Castle Rock, Colorado)*

"Soy una abuela que fue convencida por su nieto de once años a formar parte de la era de la informática. Me encontré desesperadamente confundida y frustrada hasta que descubrí la serie Visual. No es que sea una experta ahora, pero conozco muchísimo más de lo que sabría de otro modo. ¡Gracias!"
-*Carol Louthain (Logansport, IN)*

"Gracias, gracias, gracias... por facilitar mi entrada en el mundo de la alta tecnología. Ahora tengo cuatro de sus libros. Los recomiendo a cualquiera que este en el nivel principiante. Ahora... ¡si tan solo tuvieran uno para programar videograbadoras, me completarían el día!
-*Gay O'Donnell (Calgary, Alberta, Canadá)*

"¡Son maravillosos! Estoy en deuda con ustedes."
-*Patrick Baird (Lacey, Washington)*

**maranGraphics es un negocio familiar
ubicado cerca de Toronto, Canadá.**

En **maranGraphics**, creemos en producir grandes libros de computación simultáneamente.

Cada libro de maranGraphics utiliza el proceso ganador de un premio que hemos desarrollado a lo largo de los últimos 25 años. Utilizando este proceso, organizamos capturas de pantalla, texto e ilustraciones en una forma que le facilita aprender los nuevos conceptos y tareas.

Dedicamos horas decidiendo la mejor manera de realizar cada tarea, ¡de manera que no tenga que hacerlo usted! Nuestras pantallas e instrucciones claras y fáciles de seguir le llevan a través de cada tarea desde el principio hasta el final.

Nuestras ilustraciones detalladas lo llevan de la mano con el texto para reforzar la información. Cada ilustración es una obra de amor ¡algunas toman hasta una semana de trabajo!

Deseamos agradecerle la adquisición de lo que creemos son los mejores libros de computación que el dinero puede comprar. Esperamos que disfrute al leer nuestro libro, así como nosotros lo hicimos al crearlo.

Sinceramente,

La Famlia Maran

Por favor escríbanos al sitio web en:

www.maran.com

Edición al Español

Presidente y Editor en Jefe:
Joaquín Trejos

Directora Editorial:
Karina S. Moya

Edición Gráfica:
Alexander Ulloa
Milagro Trejos
Everlyn Castro

Traducción:
Sergio Arroyo
Ana Ligia Echeverría

Corrección de Estilo:
Sergio Arroyo
Alexandra Ríos

Asistencia Editorial:
Adriana Mainieri
Laura Trejos

Reconocimientos

Autor:
Ruth Maran

**Directores de Desarrollo
de Copias:**
Raquel Scott
Roxanne Van Damme

Consultores Técnicos:
Paul Whitehead

Director del Proyecto:
Judy Maran

Editores:
Teri Lynn Pinsent
Norm Schumacher
Megan Kirby

Captura de Pantallas:
Jill Maran

Layout Artist:
Treena Lees

Ilustradores:
Russ Marini
Steven Schaerer
Suzana G. Miokovic

Artista de Pantalla e Ilustrador:
Darryl Grossi

Índices:
Teri Lynn Pinsent

Coordinador de Permisos:
Jennifer Amaral

**Vicepresidente
de Publicaciones:**
Richard Swadley

**Director de Publicaciones
Tecnológicas:**
Barry Pruett

Apoyo Editorial0:
Jennifer Dorsey
Sandy Rodrigues
Lindsay Sandman

Post Producción:
Robert Maran

Tabla de Contenidos

Tabla de Contenidos

CAPÍTULO 10

INTERCAMBIAR CORREO ELECTRÓNICO

CAPÍTULO 11

INTERCAMBIAR MENSAJES INSTANTÁNEOS

Microsoft ® Windows ® XP es un programa que controla la actividad general de su computadora.

Microsoft Windows XP se asegura que todas las partes de su computadora funcionan de manera delicada y eficiente. **XP** significa experiencia.

Trabajar con archivos

Windows proporciona maneras de administrar los archivos almacenados en su computadora. Puede ordenar, abrir, cambiar de nombre, imprimir, eliminar, mover y buscar archivos. También puede enviar un archivo por correo electrónico, publicar un archivo en Internet y copiarlos a un disquete o a un CD grabable.

Personalizar Windows

Puede personalizar Windows para adaptarlo a sus preferencias. Puede agregar un dibujo a colores a su pantalla, hacer que se reproduzcan efectos de sonido cuando ocurran ciertos eventos en su computadora y cambiar la forma en que funciona su mouse. Windows también le permite establecer un refrescador de pantalla para que aparezca cuando no use la computadora por un período de tiempo.

Trabajar con Multimedia

Windows le permite reproducir discos compactos de música y escuchar estaciones de radio que transmitan a través de Internet. Windows también le ayuda a encontrar las últimas películas y creaciones musicales en Internet, organizar sus archivos de medios y copiar canciones desde su computadora a un CD grabable. Puede también transferir sus películas caseras a su computadora de modo que pueda organizar y editar películas antes de compartirlas con los amigos y la familia.

Compartir la computadora

Si comparte la computadora con otras personas, puede crear cuentas de usuario para mantener los archivos y la configuración individuales de cada persona. Puede asignar una contraseña a cada cuenta de usuario y compartir archivos fácilmente con otros.

Optimizar el desempeño de la computadora

Windows proporciona herramientas para ayudarle a optimizar el desempeño de la computadora. Puede instalar nuevos programas, actualizar Windows, eliminar archivos innecesarios para liberar espacio en el disco y restaurar la computadora hasta un momento anterior al punto en que empezó a tener problemas. También puede permitirle a un amigo o a un colega ver su computadora y tomar el control de ella para ayudarle, desde otro sitio.

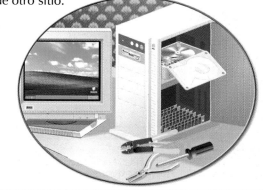

Trabajar en una red

Windows le permite compartir información y equipo con otras personas de la red. Puede compartir las carpetas almacenadas en su computadora y una impresora que esté conectada directamente con la computadora. Windows también proporciona un asistente para ayudarlo a instalar una red.

Acceder a Internet

Windows le permite examinar la información de la World Wide Web. Puede buscar páginas de Internet y crear una lista de sus páginas favoritas, de modo que pueda acceder rápidamente a estas páginas en el futuro. Windows también le permite intercambiar correo electrónico con personas de todos sitios. Puede leer, enviar, responder, reenviar, imprimir y eliminar mensajes de correo electrónico. Windows también incluye el programa Windows Messenger que le permite intercambiar mensajes instantáneos y archivos a través de Internet con amigos y familiares.

USAR EL MENÚ DE INICIO

Puede usar el menú Start para acceder a programas, archivos, computadoras configuraciones y a la ayuda de Windows.

Los programas disponibles en el menú Start dependen del software instalado en su computadora.

USAR EL MENÚ DE INICIO

1 Haga clic en **start** para mostrar el menú Start.

■ Estos ítemes le permiten acceder rápidamente a las localizaciones usadas frecuentemente.

■ Estos ítemes inician sus exploradores de Internet y el programa de correo electrónico.

■ Estos ítemes le permiten iniciar rápidamente los programas que ha usado recientemente.

■ Estos ítemes le permiten cambiar la configuración de su computadora, obtener ayuda, buscar información y ejecutar programas.

■ Si el menú Start muestra el ítem que desea usar, haga clic en él.

2 Si el ítem que desea usar no aparece en el menú Start, haga clic en **All Programs**.

■ Aparece la lista de los programas de su computadora. El ítem del menú que tiene una flecha (▶) despliega otro menú.

3 Para desplegar otro menú, coloque el ⬚ del mouse sobre el ítem que tiene una flecha (▶).

4

¿Cuáles programas provee Windows?

Windows viene con muchos programas útiles.
Aquí hay algunos de ejemplos.

Windows Media Player le permite encontrar y reproducir archivos de medios, tocar CDs de música y escuchar estaciones de radio de Internet.

Windows Messenger Puede utilizarlo para intercambiar mensages instantáneos y archivos con amigos y familia.

Windows Movie Maker le permite le permite transferir sus películas caseras a su computadora para organizarlas y editarlas.

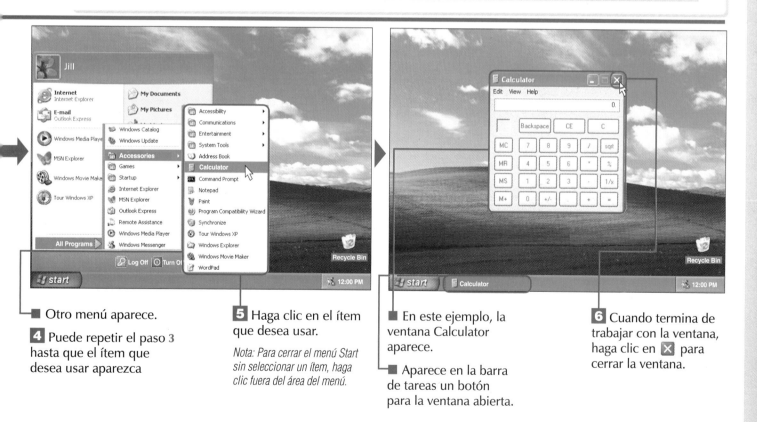

■ Otro menú aparece.

4 Puede repetir el paso 3 hasta que el ítem que desea usar aparezca

5 Haga clic en el ítem que desea usar.

Nota: Para cerrar el menú Start sin seleccionar un ítem, haga clic fuera del área del menú.

■ En este ejemplo, la ventana Calculator aparece.

■ Aparece en la barra de tareas un botón para la ventana abierta.

6 Cuando termina de trabajar con la ventana, haga clic en ☒ para cerrar la ventana.

DESPLAZARSE A TRAVÉS DE UNA VENTANA

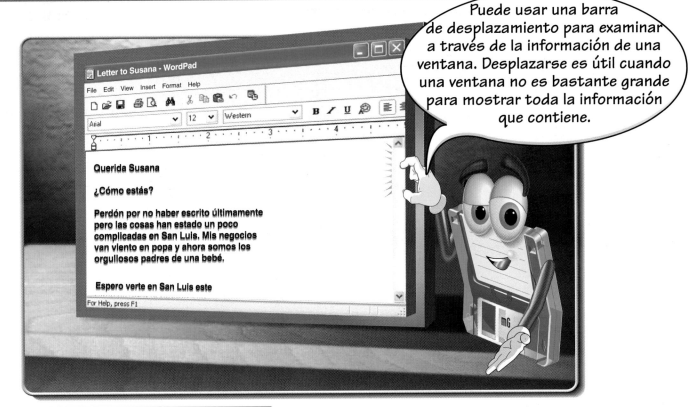

Puede usar una barra de desplazamiento para examinar a través de la información de una ventana. Desplazarse es útil cuando una ventana no es bastante grande para mostrar toda la información que contiene.

DESPLAZARSE A TRAVÉS DE UNA VENTANA

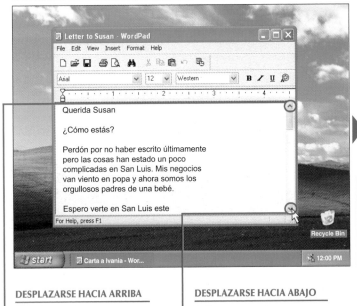

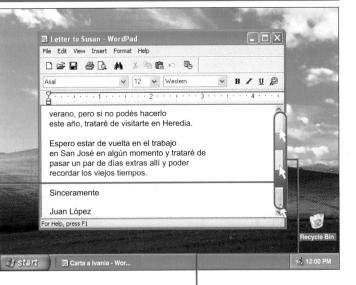

DESPLAZARSE HACIA ARRIBA

1 Haga clic en ⌃ para desplazarse hacia arriba por la información de una ventana.

DESPLAZARSE HACIA ABAJO

1 Haga clic en ⌄ para desplazarse hacia abajo por la información de una ventana.

DESPLAZARSE A CUALQUIER POSICION

1 Sitúe el ⌖ del mouse sobre el cuadro de desplazamiento.

2 Arrastre el cuadro de desplazamiento a lo largo de la barra, hasta que la información que desea ver aparezca.

■ La posición del cuadro de desplazamiento indica cuál parte de la ventana está observando. Por ejemplo, cuando el cuadro de desplazamiento está en la mitad de la barra, usted está observando la información del centro de la ventana.

Cuando termina de trabajar con una ventana, puede cerrar la ventana para quitarla de su pantalla.

CERRAR UNA VENTANA

1 Haga clic en ☒, en la ventana que desea cerrar.

■ La ventana desaparece de su pantalla.

■ El botón de la ventana desaparece de la barra de herramientas.

> Si una ventana cubre ítemes en su pantalla, entonces puede moverla a una posición diferente.

Puede que desee mover varias ventanas para ver los contenidos de las múltiples ventanas de inmediato.

MOVER UNA VENTANA

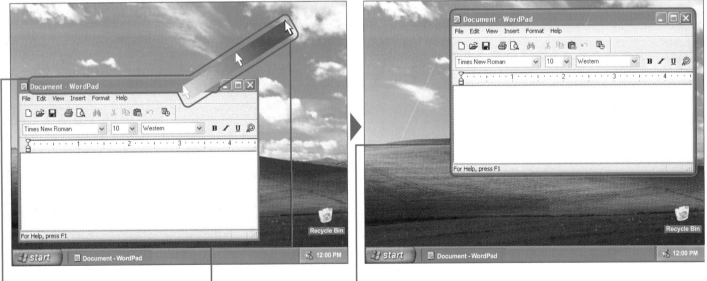

1 Sitúe el ▷ del mouse sobre la barra de títulos de la ventana que desea mover.

2 Arrastre el ▷ del mouse hacia donde desea colocar la ventana.

■ La ventana se mueve a la posición nueva.

Nota: No puede mover una ventana maximizada. Para información sobre maximizar una ventana, refiérase a la página 10.

CAMBIAR EL TAMAÑO DE UNA VENTANA

Fácilmente, puede cambiar el tamaño de una ventana de la pantalla.

Aumentar el tamaño de una ventana le permite ver más información en la ventana. Reducir el tamaño de una ventana le permite ver ítemes tapados por la ventana.

CAMBIAR EL TAMAÑO DE UNA VENTANA

1 Posicione el ⍿ del mouse sobre el borde de la ventana cuyo tamaño desea ajustar (⍿ cambia a ↕, ↔, ⤢ o ⤡).

2 Arrastre el ↕ del mouse hasta que la ventana muestre el tamaño que desea.

■ La ventana muestra el tamaño nuevo.

Nota: No puede ajustar el tamaño de una ventana maximizada. Para información sobre maximizar una ventana, refiérase a la página 10.

MAXIMIZAR UNA VENTANA

Puede maximizar una ventana para llenar su pantalla entera. Esto le permite ver más del contenido de la ventana.

MAXIMIZAR UNA VENTANA

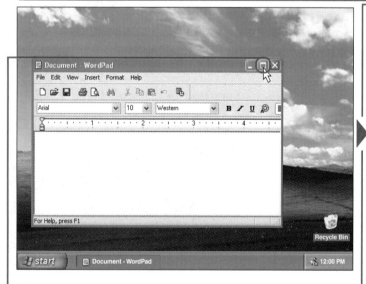

1 Haga clic en ▫, en la ventana que desea maximizar.

■ La ventana llena su pantalla entera.

■ Para devolver la ventana a su tamaño previo, haga clic en ▫.

■ También puede hacer doble clic en la barra de títulos de una ventana para maximizarla.

Si no usa una ventana, puede minimizarla para quitarla temporalmente de su pantalla. Puede mostrar de nuevo la ventana en cualquier momento.

Minimizar una ventana le permite apartar temporalmente una ventana de modo que pueda trabajar en otras tareas.

MINIMIZAR UNA VENTANA

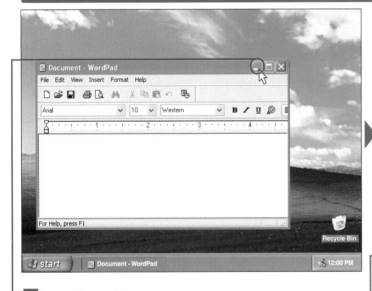

1 Haga clic en ⬛, en la ventana que desea minimizar.

■ La ventana se achica a un botón de la barra de tareas.

■ Para mostrar de nuevo la ventana, haga clic en su botón de la barra de tareas.

Nota: Si un menú aparece, mostrando los nombres de varias ventanas abiertas cuando usted hace clic sobre un botón de la barra de tareas, haga clic en el nombre de la ventana que desea mostrar de nuevo.

CAMBIAR ENTRE VENTANAS

Si tiene más de una ventana abierta en su pantalla, fácilmente puede cambiar entre las ventanas.

Cada ventana es como una hoja de papel separada. Cambiar entre ventanas es como situar en lo alto una hoja de papel diferente del resto.

Puede trabajar en solo una ventana a la vez. La ventana activa aparece delante de todas las otras ventanas y muestra una barra de títulos oscura.

CAMBIAR ENTRE VENTANAS

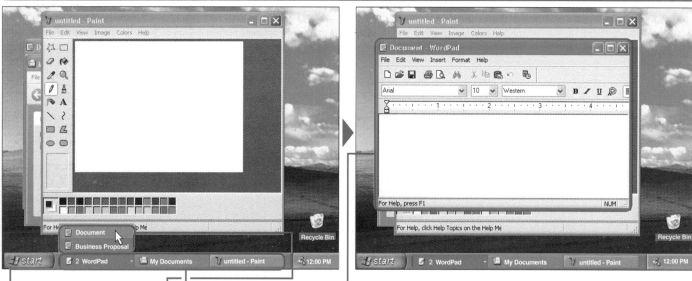

■ La barra de tareas muestra un botón para cada ventana abierta. Si tiene muchas ventanas abiertas, todos los botones del programa pueden aparecer como un solo botón de la barra de tareas.

1 Para mostrar la ventana con la que desea trabajar, haga clic en su botón de la barra de tareas.

■ Un menú puede aparecer, mostrando el nombre de cada ventana abierta del programa.

2 Haga clic en el nombre de la ventana que desea mostrar.

■ La ventana aparece delante de todas las otras ventanas. Ahora puede ver claramente el contenido de la ventana.

Nota: Puede hacer clic en cualquier lugar del interior de una ventana para desplegarla delante de las otras ventanas.

> Puede cerrar un programa que ya no esté respondiendo sin tener que cerrar Windows.

Cuando cierra un programa que se comporta de manera incorrecta, pierde cualquier información que no haya guardado de él.

Cerrar un programa que se comporta de manera incorrecta no debería afectar otros programas abiertos.

CERRAR UN PROGRAMA QUE SE COMPORTA DE MANERA INCORRECTA

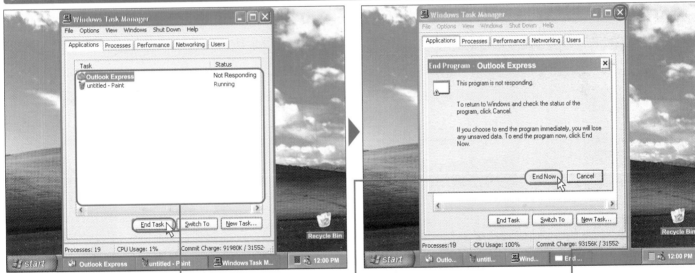

1 Para cerrar un programa que se comporta de manera incorrecta, presione las teclas `Ctrl` y `Alt` y, además, `Delete`.

■ La ventana Windows Task Manager aparece.

■ Esta área lista los programas que actualmente se están ejecutando. La frase **Not Responding** aparece al lado del nombre de un programa que se comporta de manera incorrecta.

2 Haga clic en el programa que se está comportando incorrectamente.

3 Haga clic en **End Task**.

■ La ventana de diálogo End Program aparece, declarando que el programa no responde.

4 Haga clic en **End Now** para cerrar el programa.

5 Haga clic en ☒ para cerrar la ventana Windows Task Manager.

13

Windows incluye varios juegos que puede utilizar en su computadora. Los juegos son una forma divertida de mejorar sus habilidades con el mouse y su coordinación entre el ojo y la mano.

Puede usar algunos juegos, como Damas, con otras personas a través de Internet. Windows lo reunirá con jugadores de todas partes del mundo. Para usar un juego de Internet, usted necesitará una conexión con Internet.

UTILIZAR JUEGOS

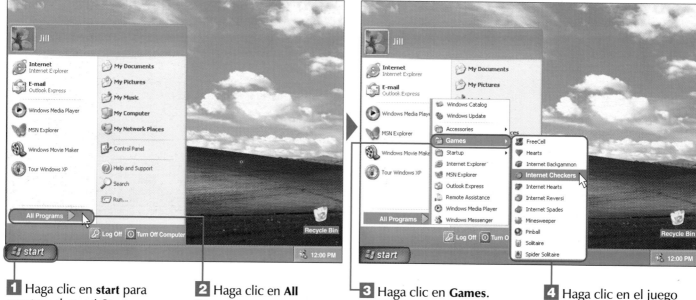

1 Haga clic en **start** para mostrar el menú Start.

2 Haga clic en **All Programs** para ver una lista de los programas que hay en su computadora.

3 Haga clic en **Games**.

4 Haga clic en el juego que desea utilizar.

SIMPLIFÍQUESE

¿Qué juegos están incluidos en Windows?

Aquí hay unos juegos populares incluidos en Windows.

Buscaminas

Buscaminas es un juego de estrategia en el cual debe evitar estallar los explosivos.

Pinball

El pinball es un juego similar a cualquier juego de pinball que puede encontrar en una arcada. Usted lanza una bola y luego debe tratar de acumular tantos puntos como sea posible.

Solitario

El solitario es un juego de cartas clásico que usted juega solo. El objeto del juego es colocar todos los naipes en orden desde el as hasta el rey en cuatro pilas, una pila para cada tipo de carta.

■ Si seleccionó un juego de Internet, aparece una ventana de diálogo que muestra información sobre cómo utilizar juegos en la Internet.

Nota: Si seleccionó un juego que no es de Internet, salte al paso 6.

5 Haga clic en **Play** para continuar.

Nota: Si no está actualmente conectado a Internet, entonces aparece una ventana de diálogo que le permitirá conectarse.

■ Aparece una ventana mostrando el juego. En este ejemplo, la ventana del juego de Damas de Internet aparece.

6 Cuando termine de utilizar el juego, haga clic en ☒ para cerrar la ventana.

■ Un mensaje puede aparecer, pidiéndole confirmar que desea dejar el juego. Haga clic en **Yes** para abandonar el juego.

15

Cuando termina de usar su computadora, debe apagar Windows antes de apagar su computadora.

It is now safe to turn off your computer.

■ No apague su computadora hasta que este mensaje aparezca en su pantalla. Muchas computadoras no mostrarán este mensaje y se desactivarán automáticamente.

Antes de cerrar Windows, asegúrese de cerrar todos los programas que tiene abiertos.

APAGAR WINDOWS

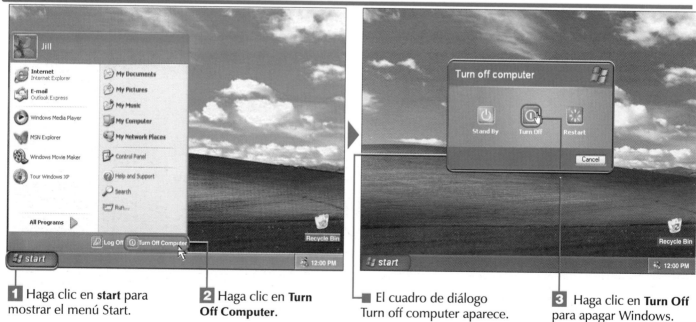

1 Haga clic en **start** para mostrar el menú Start.

2 Haga clic en **Turn Off Computer**.

■ El cuadro de diálogo Turn off computer aparece.

3 Haga clic en **Turn Off** para apagar Windows.

Si su computadora no funciona correctamente, puede reiniciarla para tratar de arreglar el problema.

Antes de reiniciar su computadora, asegúrese de cerrar todos los programas que tiene abiertos.

REINICIAR SU COMPUTADORA

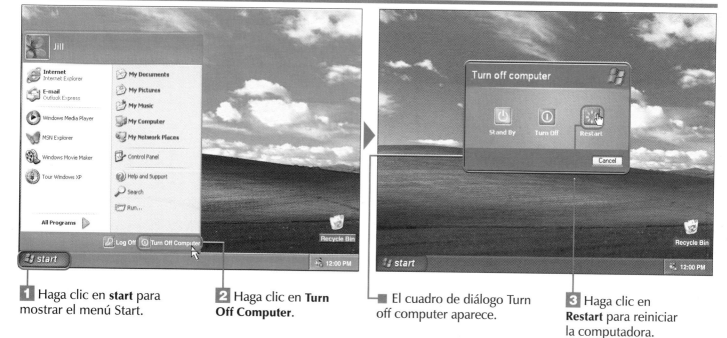

1 Haga clic en **start** para mostrar el menú Start.

2 Haga clic en **Turn Off Computer**.

■ El cuadro de diálogo Turn off computer aparece.

3 Haga clic en **Restart** para reiniciar la computadora.

Si no sabe cómo realizar una tarea de Windows, puede usar la característica de ayuda para encontrar más información sobre la tarea.

ESCRITORIO DE AYUDA

BUSCAR INFORMACIÓN DE AYUDA

1 Haga clic en **start** para mostrar el menú Start.

2 Haga clic en **Help and Support**.

■ La ventana Help and Support Center aparece.

■ Esta área muestra la lista de los temas de ayuda comunes, las formas en que puede pedir asistencia y las tareas en las cuales puede recibir ayuda. Puede hacer clic en un ítem de interés para mostrar información sobre este.

3 Para buscar información específica de ayuda, haga clic en esta área y luego digite una palabra o una frase que describa el tema de interés.

4 Presione la tecla **Enter** para iniciar la búsqueda.

¿Por qué algunos temas de ayuda muestran texto en colores?

Desplegar una definición

Puede hacer clic en una palabra o una frase que aparezca en verde para exhibir una definición de una palabra o frase. Para ocultar la definición, haga clic en ella.

Obtener ayuda adicional

Puede hacer clic en una palabra o frase en azul para obtener ayuda adicional. Windows puede exhibir otro tema de ayuda o abrir una ventana que le permite realizar una tarea. Si hace clic en la frase "Related Topics", al pie de un tema de ayuda, aparece una lista de temas de ayuda relacionados. Puede hacer clic en un tema de ayuda de interés de la lista.

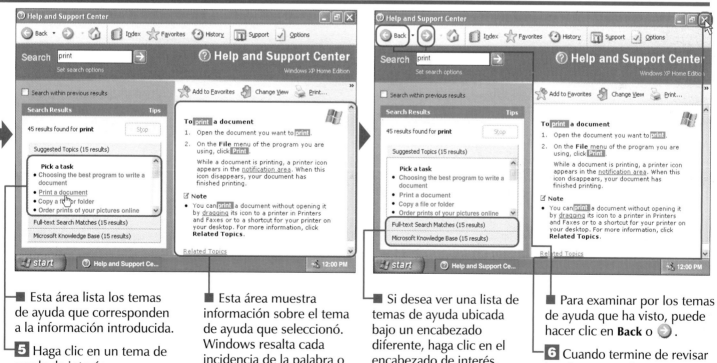

■ Esta área lista los temas de ayuda que corresponden a la información introducida.

5 Haga clic en un tema de ayuda de interés.

■ Esta área muestra información sobre el tema de ayuda que seleccionó. Windows resalta cada incidencia de la palabra o frase que buscó.

Nota: Puede repetir el paso 5 para desplegar información de otro tema de ayuda.

■ Si desea ver una lista de temas de ayuda ubicada bajo un encabezado diferente, haga clic en el encabezado de interés.

Nota: Para ver la lista de temas de ayuda bajo el encabezado Microsoft Knowledge Base, debe estar conectado a Internet.

■ Para examinar por los temas de ayuda que ha visto, puede hacer clic en **Back** o ⊙.

6 Cuando termine de revisar la información de ayuda, haga clic en ⊠ para cerrar la ventana Help and Support Center.

CAPÍTULO 2

VER ARCHIVOS

Lea este capítulo para aprender a ver las carpetas y los archivos almacenados en su computadora.

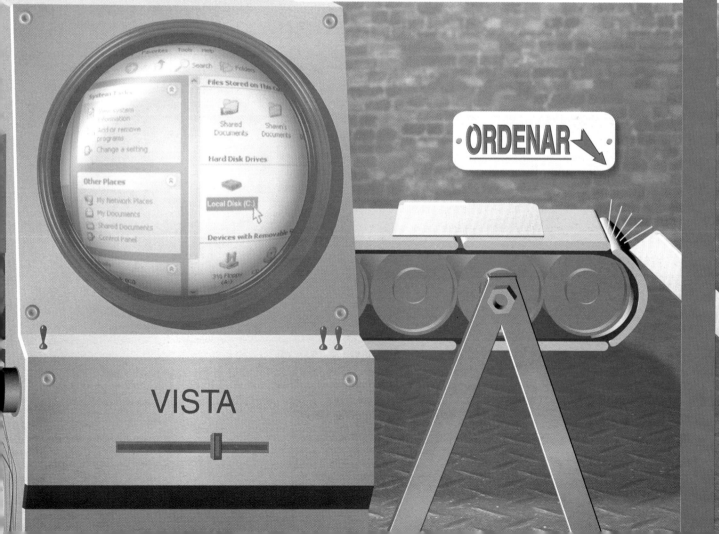

Windows proporciona carpetas personales que constituyen un lugar conveniente para que almacene y administre sus archivos. Puede ver los contenidos de sus carpetas personales en cualquier momento.

Muchos programas automáticamente almacenan archivos en sus carpetas personales.

VER LAS CARPETAS PERSONALES

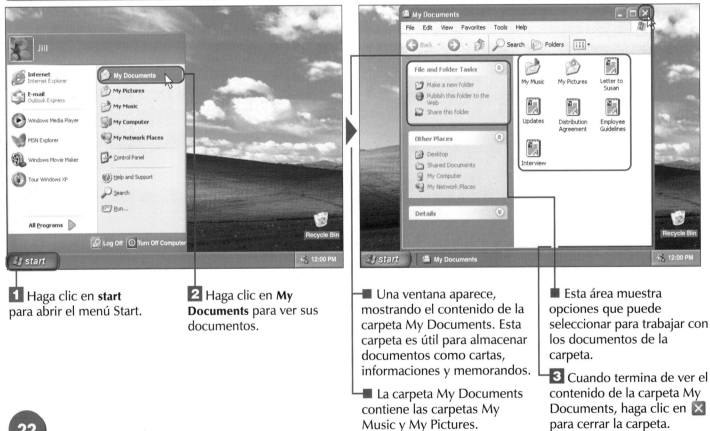

1 Haga clic en **start** para abrir el menú Start.

2 Haga clic en **My Documents** para ver sus documentos.

■ Una ventana aparece, mostrando el contenido de la carpeta My Documents. Esta carpeta es útil para almacenar documentos como cartas, informaciones y memorandos.

■ La carpeta My Documents contiene las carpetas My Music y My Pictures.

■ Esta área muestra opciones que puede seleccionar para trabajar con los documentos de la carpeta.

3 Cuando termina de ver el contenido de la carpeta My Documents, haga clic en ⊠ para cerrar la carpeta.

¿Cuáles tareas puedo realizar con los archivos de mis carpetas personales?

Las carpetas My Pictures y My Music ofrecen varias opciones especializadas que puede seleccionar para trabajar con sus ilustraciones y su música. Aquí hay algunas tareas que puede realizar.

MY PICTURES

Ver como una presentación de diapositivas

Abre todas las ilustraciones de la carpeta My Pictures como una presentación de diapositivas en toda la pantalla.

Ordenar impresiones por Internet

Envía los cuadros seleccionados a un sitio Web que le permite encargar impresiones de estos.

MY MUSIC

Reproducir todo

Reproduce toda la música de la carpeta My Music.

Comprar música por Internet

Abre el sitio Web WindowsMedia.com, el cual le permite escuchar y comprar música.

VER LA CARPETA MY PICTURES O MY MUSIC

1 Haga clic en **start** para abrir el menú Start.

2 Haga clic en **My Pictures** o **My Music** para ver sus ilustraciones o su música.

■ Una ventana aparece, mostrando los contenidos de la carpeta que seleccionó.

■ En este ejemplo, los contenidos de la carpeta My Pictures aparecen. Esta carpeta muestra una versión en miniatura de cada ilustración de la carpeta.

■ Esta área muestra opciones que puede seleccionar para trabajar con los archivos de la carpeta.

3 Cuando termine de ver los contenidos de la carpeta, haga clic en ⊠ para cerrar la carpeta.

 23

Fácilmente puede explorar por las unidades, las carpetas y los archivos de su computadora.

Windows usa carpetas para organizar la información almacenada en la computadora.

VER LOS CONTENIDOS DE SU COMPUTADORA

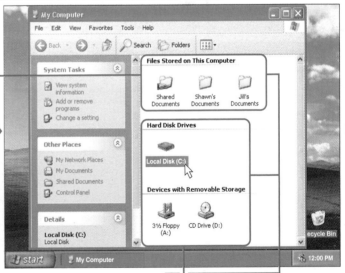

1 Haga clic en **start** para abrir el menú Start.

2 Haga clic en **My Computer** para ver los contenidos de su computadora.

■ La ventana My Computer aparece.

Nota: Para ver el contenido de un disco flexible o de la unidad de CD ROM, asegúrese de introducir los discos en la unidad apropiada antes de continuar.

■ Las carpetas de esta área contienen archivos a los que todos los usuarios instalados en su computadora pueden acceder. Para más información sobre estas carpetas, refiérase a las páginas 126 y

■ Los ítemes de esta área representan su unidad de disco duro, su unidad de disquete, su unidad de CD ROM y cualquier unidad disponible en su computadora.

3 Para abrir el contenido de una unidad o carpeta, haga doble clic el en ítem.

¿Qué representan los iconos de una ventana?

Cada ítem en una ventana muestra un icono para ayudarle a distinguir entre tipos diferentes de ítems. Los tipos comunes de ítems incluyen:

	Una carpeta
	Ilustración de Paint
	Documento de texto
	Archivo de Windows Media Player
	Documento de WordPad

¿Cómo puedo ver información sobre una carpeta o un archivo de una ventana?

Para abrir información sobre una carpeta o un archivo en una ventana, sitúe el mouse sobre la carpeta o el archivo. Un cuadro amarillo aparece, brindando información sobre la carpeta o el archivo.

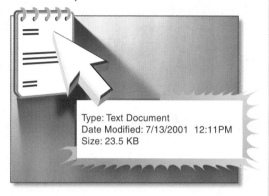

Type: Text Document
Date Modified: 7/13/2001 12:11PM
Size: 23.5 KB

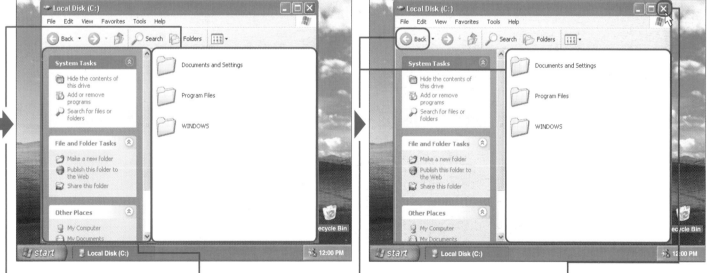

■ Los contenidos de la unidad o la carpeta que seleccionó aparecen.

Nota: Si los contenidos de la unidad que seleccionó no aparecen, haga clic en Show the contents of this folder en la ventana.

■ Esta área muestra opciones que puede escoger para realizar tareas comunes y acceder a los sitios más usados de su computadora. Las opciones disponibles dependen del ítem seleccionado.

4 Para seguir examinando los contenidos de su computadora, puede hacer doble clic en una carpeta.

■ Para volver a una ventana que ha visto previamente, haga clic en **Back**.

5 Cuando termine de ver los contenidos de su computadora, haga clic en ☒ para cerrar la ventana.

Puede cambiar la vista de los ítemes de una ventana. La vista que seleccione determinará la forma en que los archivos y las carpetas aparecerán en la ventana.

CAMBIAR LA VISTA DE LOS ÍTEMES

1 Haga clic en **View** para cambiar la vista de los ítemes de una ventana.

■ Una viñeta (●) aparece al lado de la vista actual de los ítemes.

2 Haga clic en la forma en que desea ver los ítemes.

■ En este ejemplo, los ítemes aparecen en la vista Details.

LAS VISTAS

La tira de película

La vista de la Tira de película muestra ilustraciones en una sola fila a través de la cual puede desplazarse. Esta vista solo está disponible en algunas ventanas, como la ventana My Pictures. Puede hacer clic en un cuadro para abrir una versión más grande del cuadro por encima de los otros cuadros.

Las vistas en miniatura

La vista de Imágenes en miniatura muestra una versión en miniatura de cada cuadro y algunos otros tipos de archivos. Si una versión en miniatura de un archivo no aparece, se muestra un icono para indicar el tipo de archivo, por ejemplo, si es un documento de WordPad ( ). En esta vista, las versiones en miniatura de algunos cuadros ubicados en una carpeta aparecen en el icono de la carpeta.

Mosaico

La vista de mosaico muestra ítemes como iconos grandes y despliega información sobre cada ítem junto al nombre del archivo del ítem. Puede ordenar los ítemes para cambiar la información que cada ítem despliega. Para ordenar ítemes, refiérase a la página 48.

Los iconos

La vista de iconos muestra ítemes como iconos pequeños y el nombre del archivo aparece debajo de cada uno.

Lista

La vista de la lista muestra los ítemes como iconos pequeños organizados en una lista. Esta vista es útil si desea encontrar un ítem particular en una larga lista.

Detalles

La vista de detalles muestra información sobre cada ítem, incluyendo el nombre, el tamaño, el tipo y la fecha en que los ítemes fueron cambiados por última vez.

ORDENAR ÍTEMES

> Puede ordenar los ítemes abiertos en una ventana para ayudarle a encontrar archivos y carpetas más rápidamente.

Puede ordenar ítemes por nombre, tamaño, tipo o la fecha en que fueron cambiados por última vez. Algunas ventanas le permiten ordenar ítemes de otras maneras. Por ejemplo, la ventana My Music le permite ordenar los ítemes por artista, título del álbum y número de pista.

ORDENAR ÍTEMES

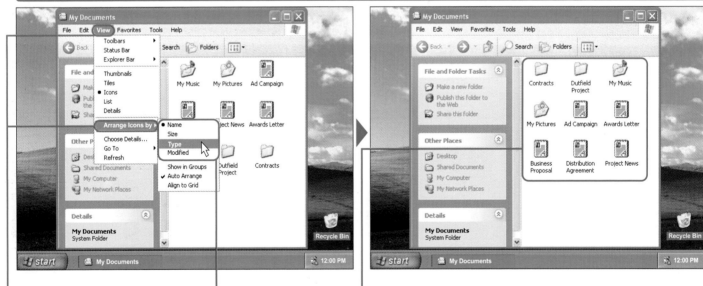

1 Haga clic en **View**.

2 Haga clic en **Arrange Icons by**.

3 Haga clic en la forma en que desea ordenar los ítemes de la ventana.

■ Los ítemes aparecen en el orden nuevo. En este ejemplo, los ítemes son ordenados por su tipo.

■ Para ordenar los ítemes en el orden inverso, repita los pasos del 1 al 3.

Nota: Solo puede ordenar los ítemes en el orden inverso al ver los ítemes en la vista de detalles o de lista. Para cambiar la vista de los ítemes, refiérase a la página 26.

Puede agrupar ítemes para organizar mejor los archivos y las carpetas de una ventana.

AGRUPAR ÍTEMES

1 Haga clic en **View**.

2 Haga clic en **Arrange Icons by**.

3 Haga clic en **Show in Groups**.

Nota: La opción Show in Groups no está disponible al ver ítemes en la vista de lista o de tira de película. Para cambiar la vista de los ítemes, refiérase a la página 26.

■ Windows agrupa los ítemes en la ventana.

■ Puede ordenar los ítemes para cambiar la forma en que estos se agrupan en la ventana. Por ejemplo, al ordenar los ítemes por tamaño los agrupará basándose en la cantidad de memoria que ocupan. Para ordenar ítemes, refiérase a la página 28.

■ Si ya no desea agrupar los ítemes de una ventana, repita los pasos del 1 al 3.

29

Windows Explorer muestra la organización de todos los archivos y las carpetas de su computadora.

Puede trabajar con los archivos de Windows Explorer tal como trabajaría con los archivos de cualquier ventana. Por ejemplo, puede mover, cambiar de nombre y eliminar archivos de Windows Explorer. Para trabajar con archivos, refiérase a las páginas 34 a 73.

USAR WINDOWS EXPLORER

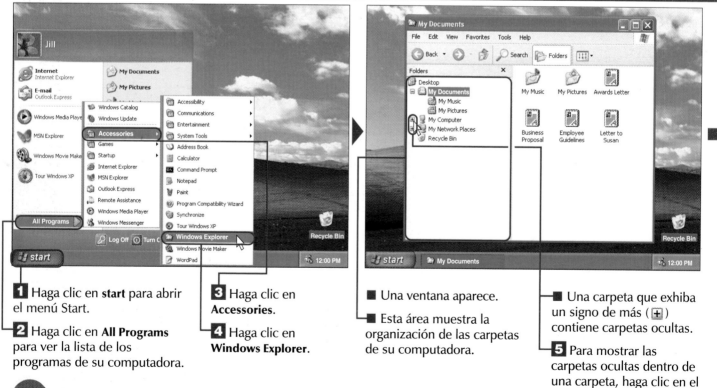

1 Haga clic en **start** para abrir el menú Start.

2 Haga clic en **All Programs** para ver la lista de los programas de su computadora.

3 Haga clic en **Accessories**.

4 Haga clic en **Windows Explorer**.

■ Una ventana aparece.

■ Esta área muestra la organización de las carpetas de su computadora.

■ Una carpeta que exhiba un signo de más (⊞) contiene carpetas ocultas.

5 Para mostrar las carpetas ocultas dentro de una carpeta, haga clic en el signo de más (⊞) al lado de la carpeta.

SIMPLIFÍQUESE

¿Cómo puedo realizar tareas rápidamente con los archivos y las carpetas desplegadas en Windows Explorer?

Con el fin de realizar tareas rápidamente en Windows Explorer, haga clic en el botón **Folders** para exhibir una lista de opciones que puede seleccionar. Las opciones que aparecen dependen de la carpeta o el archivo que está seleccionado actualmente. Para regresar a la organización de las carpetas, haga clic en el botón **Folders** otra vez.

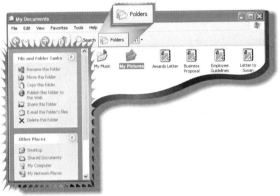

SIMPLIFÍQUESE

¿Cómo puedo ver información sobre un archivo o una carpeta exhibida en Windows Explorer?

Sitúe el mouse ▷ sobre el archivo o la carpeta. Después de algunos segundos, un cuadro amarillo aparece, mostrando información sobre el archivo o la carpeta.

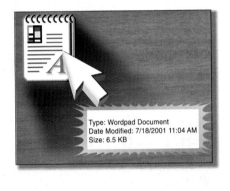

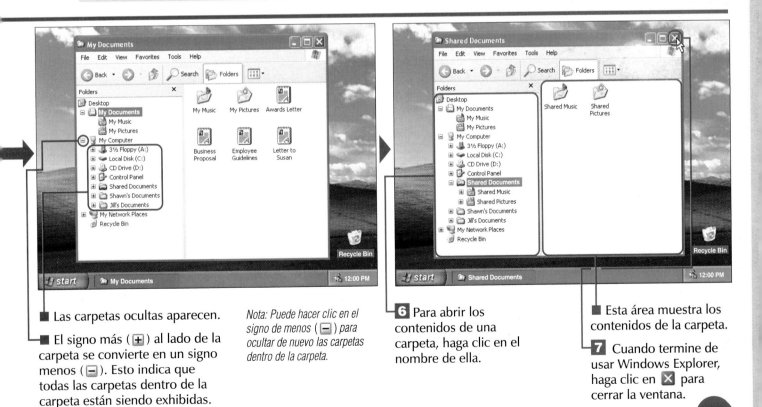

■ Las carpetas ocultas aparecen.

■ El signo más (⊞) al lado de la carpeta se convierte en un signo menos (⊟). Esto indica que todas las carpetas dentro de la carpeta están siendo exhibidas.

Nota: Puede hacer clic en el signo de menos (⊟) para ocultar de nuevo las carpetas dentro de la carpeta.

6 Para abrir los contenidos de una carpeta, haga clic en el nombre de ella.

■ Esta área muestra los contenidos de la carpeta.

7 Cuando termine de usar Windows Explorer, haga clic en ☒ para cerrar la ventana.

CAPÍTULO 3

TRABAJAR CON ARCHIVOS

En este capítulo aprenderá a arreglar, imprimir, mover, buscar y copiar sus archivos a la unidad de disquete o de CD y mucho más.

Antes de trabajar con archivos, debe seleccionar aquellos con los que desea trabajar. Los archivos seleccionados aparecerán resaltados en la pantalla.

Puede seleccionar carpetas de la misma manera. Al seleccionar una carpeta también se seleccionarán todos los archivos contenidos en ella.

SELECCIONAR ARCHIVOS

SELECCIONAR UN ARCHIVO

1 Haga clic en el archivo que desea seleccionar. El archivo se resalta.

2 Si desea desplegar información sobre el archivo, haga clic en **Details**.

■ La información acerca del archivo aparece, incluye el tipo de archivo y la fecha y la hora de la última modificación.

*Nota: Para ocultar la información haga clic en **Details** de nuevo.*

SELECCIONAR UN GRUPO DE ARCHIVOS

1 Haga clic en el primer archivo que desea seleccionar.

2 Presione la tecla [Shift] y haga clic en el último archivo que desea seleccionar.

34

¿Cómo puedo cancelar la
selección de un archivo?

Para cancelar la selección de
todos los archivos de una
ventana, haga clic en un área en
blanco de la ventana.

Para cancelar la selección de
solo uno, presione la tecla Ctrl
hasta que encuentre el archivo
indicado y haga clic en él.

*Nota: Puede cancelar la selección de
carpetas de la misma manera.*

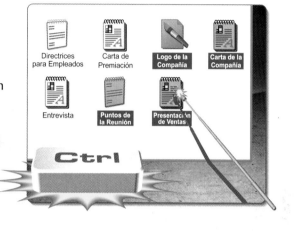

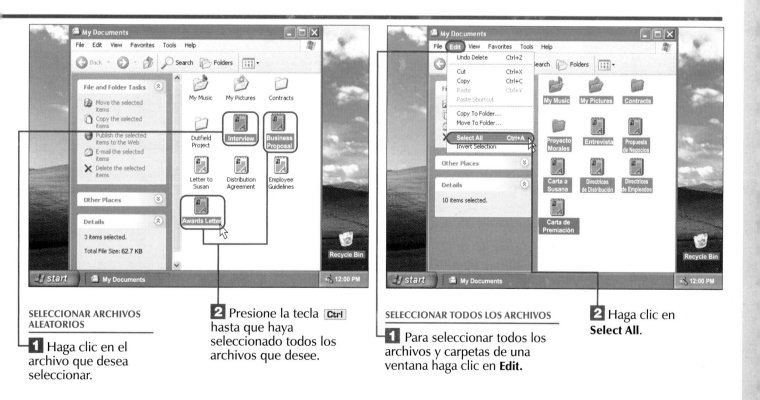

**SELECCIONAR ARCHIVOS
ALEATORIOS**

1 Haga clic en el
archivo que desea
seleccionar.

2 Presione la tecla Ctrl
hasta que haya
seleccionado todos los
archivos que desee.

SELECCIONAR TODOS LOS ARCHIVOS

1 Para seleccionar todos los
archivos y carpetas de una
ventana haga clic en **Edit.**

2 Haga clic en
Select All.

ABRIR UN ARCHIVO

Puede abrir un archivo para exhibir su contenido en pantalla. Abrir un archivo le permite revisarlo y hacerle cambios.

Puede abrir carpetas de la misma manera.

ABRIR UN ARCHIVO

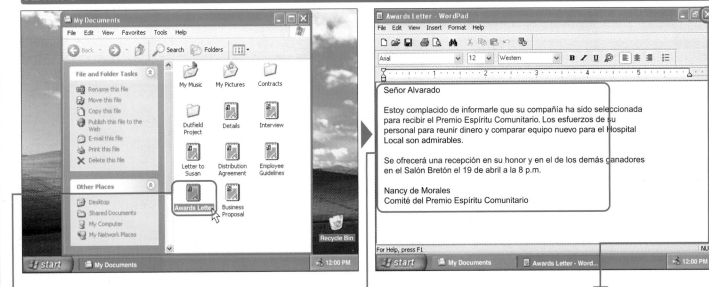

1 Haga doble clic en el archivo que desea seleccionar.

■ El archivo se abre. Ahora puede revisarlo y hacer cambios.

Nota: Si abre una imagen, esta deberá aparecer en Windows Picture and Fax Viewer. Para realizar modificaciones a la imagen, deberá abrir la imagen en el programa que utilizó para crearla o en otro programa de edición de imágenes.

2 Cuando termine de trabajar con el archivo, haga clic en ⊠ para cerrar el archivo.

> Puede cambiar el nombre de un archivo para describir mejor su contenido. Esto le ayuda a localizarlo más rápido.

Puede cambiar el nombre de carpetas del mismo modo. Pero no debe cambiar el nombre de las carpetas que Windows u otros programas necesiten para operar.

CAMBIAR EL NOMBRE DE UN ARCHIVO

1 Haga clic en el nombre del archivo cuyo nombre desea cambiar.

Nota: No deberá cambiar el nombre de archivos que Windows u otros programas necesiten para funcionar.

2 Haga clic en **Rename this file** o presione la tecla F2 .

■ Un recuadro aparece alrededor del nombre del archivo.

3 Escriba un nuevo nombre y presione la tecla Enter .

Nota: El nombre del archivo no debe contener los caracteres \ / : " < > ó _.

■ Si cambia de opinión mientras escribe el nombre del archivo, puede presionar la tecla Esc para regresar al nombre original del archivo.

IMPRIMIR UN ARCHIVO

> Puede tener una copia en papel de cualquier archivo almacenado en su computadora.

Antes de imprimir un archivo, asegúrese de que su impresora esté encendida y tenga papel.

IMPRIMIR UN ARCHIVO

1 Haga clic en el archivo que desee imprimir.

■ Para imprimir más de un archivo, seleccione todos los archivos que desee imprimir. Para seleccionar varios archivos refiérase a la página 34.

2 Haga clic en **File**.

3 Haga clic en **Print**.

Nota: Si seleccionó una imagen, el asistente Photo Printing Wizard aparece. Para mayor información sobre imprimir imágenes en Photo Printing Wizard, refiérase a la página 40.

■ Windows rápidamente abre, imprime y cierra el archivo.

■ Cuando imprima un archivo, el icono de una impresora (🖨) aparece en esta área. El icono desaparece una vez que el archivo haya sido impreso.

SIMPLIFÍQUESE

¿Cómo puedo detener la impresión de un archivo?

Quizás desee detener la impresión de un archivo si accidentalmente seleccionó un archivo equivocado o si desea hacer cambios de último momento.

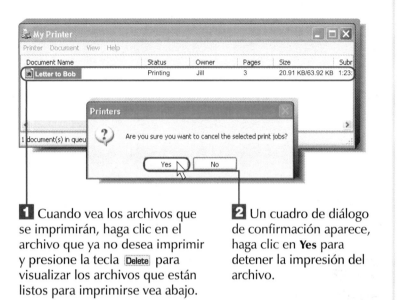

1 Cuando vea los archivos que se imprimirán, haga clic en el archivo que ya no desea imprimir y presione la tecla Delete para visualizar los archivos que están listos para imprimirse vea abajo.

2 Un cuadro de diálogo de confirmación aparece, haga clic en **Yes** para detener la impresión del archivo.

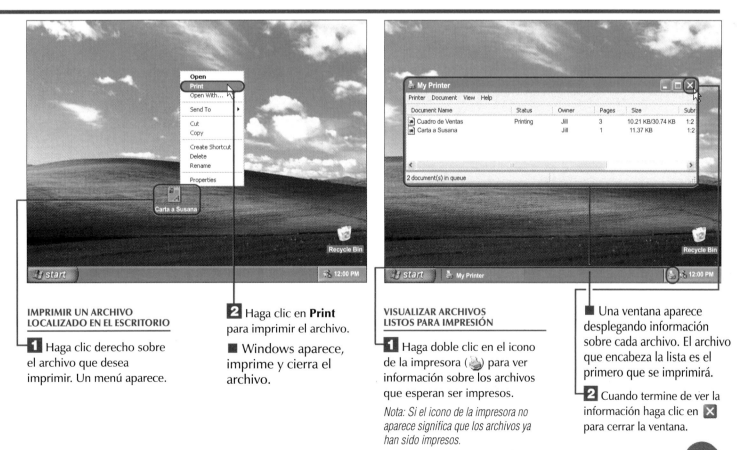

IMPRIMIR UN ARCHIVO LOCALIZADO EN EL ESCRITORIO

1 Haga clic derecho sobre el archivo que desea imprimir. Un menú aparece.

2 Haga clic en **Print** para imprimir el archivo.

■ Windows aparece, imprime y cierra el archivo.

VISUALIZAR ARCHIVOS LISTOS PARA IMPRESIÓN

1 Haga doble clic en el icono de la impresora ( ) para ver información sobre los archivos que esperan ser impresos.

Nota: Si el icono de la impresora no aparece significa que los archivos ya han sido impresos.

■ Una ventana aparece desplegando información sobre cada archivo. El archivo que encabeza la lista es el primero que se imprimirá.

2 Cuando termine de ver la información haga clic en ⊠ para cerrar la ventana.

Puede utilizar el asistente Photo Printing Wizard para imprimir sus imágenes.

Puede descargar imágenes de Internet, usar un escáner o una cámara digital para copiar imágenes a su computadora, también puede adquirir mágenes en tiendas de computación o utilizar un programa de dibujo, por ejemplo Paint, para crear sus propias imágenes. Windows incluye algunas imágenes.

IMPRIMIR IMÁGENES

1 Haga clic en **start** para iniciar el menú Start.

2 Haga clic en **My Pictures** para ver las imágenes almacenadas en su carpeta My Pictures.

■ El contenido de la carpeta My Pictures aparece.

3 Haga clic en **Print pictures** para imprimir las imágenes de la carpeta.

Nota: Para imprimir la imagen de una subcarpeta de la carpeta My Pictures, haga clic en aquella antes de realizar el paso 3.

¿Cómo puedo obtener mejores resultados al imprimir imágenes?

Use papel de alta calidad

Su impresora puede admitir papel de alta calidad diseñado especialmente para imprimir imágenes. Este tipo de papel da una mejor calidad a sus imágenes.

Seleccionar alta resolución

Asegúrese de que su impresora esté establecida para tener la más alta resolución posible. Una resolución más alta reflejará una mejor calidad en sus imágenes, sin embargo la impresión tardará un poco más.

¿Puedo utilizar Photo Printing Wizard para imprimir imágenes que no están almacenadas en la carpeta My Pictures?

Sí. Cuando imprima una imagen almacenada en otra localización de su computadora, Photo Printing Wizard automáticamente aparecerá para ayudarle a imprimir la imagen. Puede imprimir una imagen almacenada en otra localización de su computadora como lo hace con cualquier otro archivo. Para mayor información sobre cómo imprimir un archivo, refiérase a la página 38.

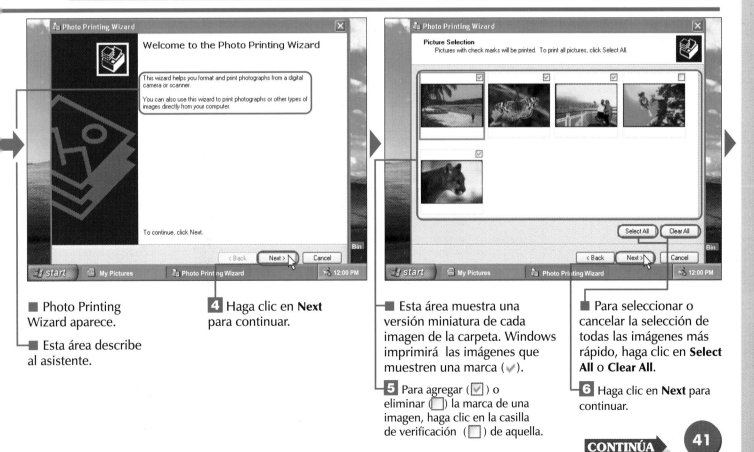

■ Photo Printing Wizard aparece.

■ Esta área describe al asistente.

4 Haga clic en **Next** para continuar.

■ Esta área muestra una versión miniatura de cada imagen de la carpeta. Windows imprimirá las imágenes que muestren una marca (✔).

5 Para agregar (☑) o eliminar (☐) la marca de una imagen, haga clic en la casilla de verificación (☐) de aquella.

■ Para seleccionar o cancelar la selección de todas las imágenes más rápido, haga clic en **Select All** o **Clear All**.

6 Haga clic en **Next** para continuar.

CONTINÚA ▶

41

IMPRIMIR IMÁGENES

> Photo Printing Wizard le permite seleccionar la distribución que desea utilizar para sus imágenes impresas.

5x7

Mozaico

8x10

3.5x5

Puede seleccionar una distribución que imprima más de una imagen en una hoja. Algunas distribuciones pueden recortar parte de una imagen grande para que calce mejor en la hoja.

IMPRIMIR IMÁGENES (CONTINUACIÓN)

■ Esta área exhibe la impresora que usará para imprimir las imágenes. Puede hacer clic en esta área para seleccionar un tipo de impresora diferente.

7 Haga clic en **Printing Preferences** para seleccionar el papel que desee utilizar para imprimir sus imágenes.

■ La ventana de diálogo Properties aparece.

■ Esta área indica dónde está el papel que utilizará en la impresión. Puede hacer clic en esta área para cambiar la fuente de papel.

■ Esta área despliega el tipo de papel que utilizará en la impresión. Puede hacer clic en esta área para cambiar el tipo de papel.

Nota: Las configuraciones disponibles dependen del tipo de impresora que tenga.

8 Haga clic en **OK** para confirmar los cambios.

9 Haga clic en **Next** para continuar.

42

¿Qué otras tareas puedo realizar con mis imágenes?

La carpeta My Pictures ofrece varias opciones que puede seleccionar para realizar diferentes tareas con sus imágenes.

Ver como presentación de imágenes

Despliega todas las imágenes de la carpeta My Pictures como una presentación de imágenes de pantalla completa.

Ordenar impresiones en línea

Envía las imágenes que ha seleccionado a un sitio Web en el cual puede ordenar impresiones de las imágenes.

Establecer como fondo de escritorio

Usa la imagen que seleccionó como fondo de su escritorio. Para mayor información sobre cómo cambiar el fondo de su escritorio, refiérase a la página 132.

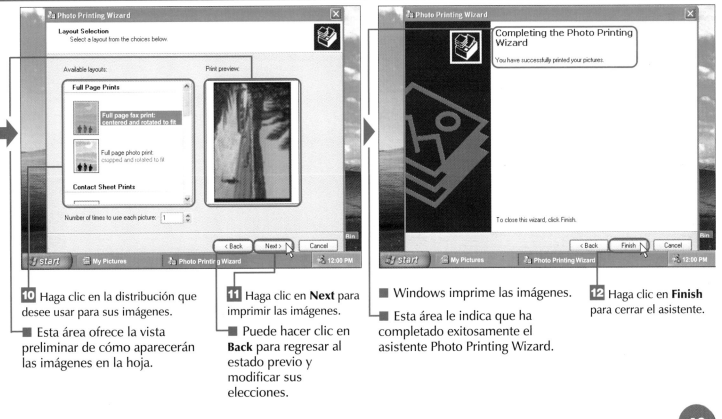

10 Haga clic en la distribución que desee usar para sus imágenes.

■ Esta área ofrece la vista preliminar de cómo aparecerán las imágenes en la hoja.

11 Haga clic en **Next** para imprimir las imágenes.

■ Puede hacer clic en **Back** para regresar al estado previo y modificar sus elecciones.

■ Windows imprime las imágenes.

■ Esta área le indica que ha completado exitosamente el asistente Photo Printing Wizard.

12 Haga clic en **Finish** para cerrar el asistente.

BORRAR UN ARCHIVO

Puede borrar un archivo que ya no necesite.

Antes de borrar un archivo, asegúrese de que ya no es útil. También deberá estar seguro de no borrar un archivo que Windows u otro programa requiera para operar.

BORRAR UN ARCHIVO

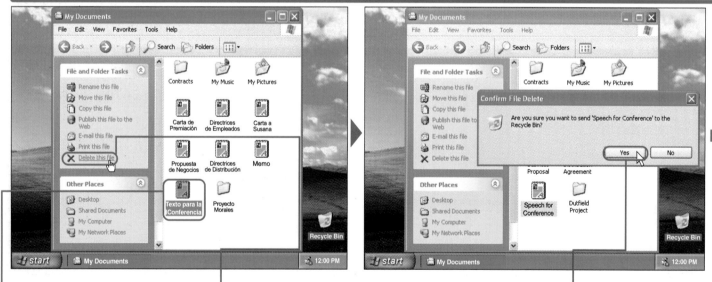

1 Haga clic en el archivo que desea borrar.

■ Para borrar más de un archivo, seleccione todos los archivos que desee borrar. Para borrar varios archivos, refiérase a la página 34.

2 Haga clic en **Delete this file** o presione la tecla Delete .

*Si selecciona varios archivos, haga clic en **Delete the selected items** en el paso 2.*

■ La ventana de diálogo Confirm File Delete aparece.

3 Haga clic en **Yes** para borrar el archivo.

¿Cómo puedo borrar de manera permanente un archivo de mi computadora?

Cuando borre un archivo, Windows lo manda a la Papelera de reciclaje, en caso de que más tarde desee utilizarlo. Si no desea colocar un archivo borrado en la Papelera de reciclaje (por ejemplo, un archivo confidencial) puede borrarlo permanentemente de su computadora.

Para hacerlo, realice los pasos del 1 al 3 de la página 44, pero en el paso número 2 oprima la tecla Shift

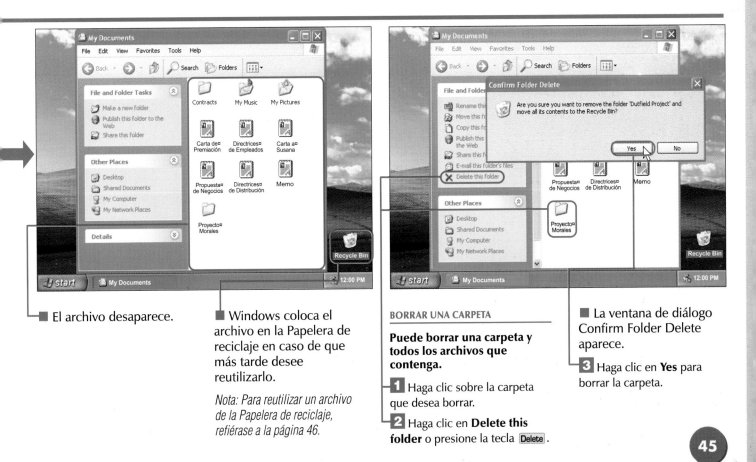

■ El archivo desaparece.

■ Windows coloca el archivo en la Papelera de reciclaje en caso de que más tarde desee reutilizarlo.

Nota: Para reutilizar un archivo de la Papelera de reciclaje, refiérase a la página 46.

BORRAR UNA CARPETA

Puede borrar una carpeta y todos los archivos que contenga.

1 Haga clic sobre la carpeta que desea borrar.

2 Haga clic en **Delete this folder** o presione la tecla Delete.

■ La ventana de diálogo Confirm Folder Delete aparece.

3 Haga clic en **Yes** para borrar la carpeta.

La Papelera de reciclaje almacena todos los archivos que han sido borrados. Puede restaurar fácilmente un archivo de la Papelera de reciclaje a su posición original en la computadora.

Puede restaurar carpetas de la misma manera. Cuando restaure carpetas, Windows restaura todos los archivos de dicha carpeta.

RESTAURAR UN ARCHIVO BORRADO

■ La apariencia de la Papelera de reciclaje indica si el depósito contiene o no archivos borrados.

🗑️ Contiene elementos borrados.

🗑️ No contiene elementos borrados.

1 Haga doble clic en **Recycle Bin**. (Papelera de reciclaje).

■ La ventana Recicle Bin aparece desplegando todos los archivos que han sido borrados.

2 Haga clic en el archivo que desee restaurar.

■ Para restaurar más de un archivo, seleccione todos los archivos que desee. Para seleccionar varios archivos, refiérase a la página 34.

3 Haga clic en **Restore this item**.

*Nota: Si seleccionó varios archivos, haga clic en **Restore the selected items**, en el paso 3.*

SIMPLIFÍQUESE

¿Por qué el archivo que deseo restaurar no se encuentra en la Papelera de reciclaje?

La Papelera de reciclaje no almacena archivos de redes o de medios de almacenaje removibles, por ejemplo, disquetes. Los archivos borrados desde estas localizaciones se borran permanentemente y es imposible restaurarlos. Los archivos que son de mayor tamaño que la capacidad de almacenaje de la Papelera de reciclaje también se borran permanentemente.

SIMPLIFÍQUESE

¿Puedo eliminar definitivamente un archivo de la Papelera de reciclaje?

Quizás desee eliminar definitivamente un archivo de la Papelera de reciclaje, por ejemplo, archivos que contengan información confidencial. Puede hacerlo borrando el archivo de la Papelera de reciclaje como lo hace con cualquier otro archivo de su computadora. Para consultar cómo se borra un archivo, refiérase a la página 44.

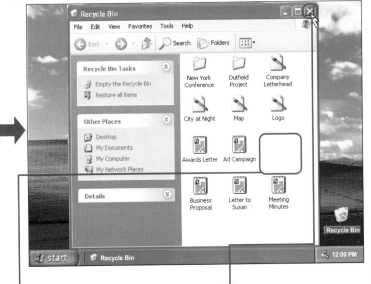

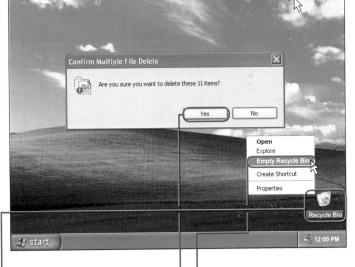

■ El archivo desaparece de la ventana del depósito de reciclaje y regresa a su localización original en la computadora.

4 Haga clic en ☒ para cerrar la ventana Recycle Bin.

VACIAR LA PAPELERA DE RECICLAJE

Puede vaciar la Papelera de reciclaje para tener más espacio. Cuando se vacía la Papelera de reciclaje, los archivos no pueden recuperarse de nuevo.

1 Haga clic derecho en **Recycle Bin** (Papelera de reciclaje). Un menú aparece.

2 Haga clic en **Empty Recycle Bin**.

■ La ventana de diálogo Confirm Múltiple File Delete aparece.

3 Haga clic en **Yes** para borrar de manera definitiva todos los archivos de la Papelera de reciclaje.

Cuando mueve un archivo, este archivo desaparecerá de su posición original y aparecerá en la nueva ubicación.

Puede mover carpetas de la misma manera. Cuando mueve una carpeta, todos los archivos en ella se moverán también.

MOVER UN ARCHIVO

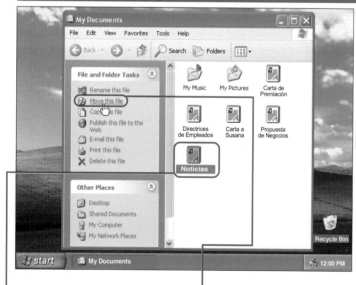

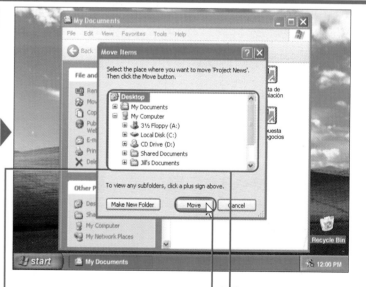

1 Haga clic en el archivo que desea mover.

■ Para mover más de un archivo a la vez, solo selecciónelos. Para seleccionar múltiples archivos, refiérase a la página 34.

2 Haga clic en **Move this file**.

*Nota: Si selecciona archivos múltiples, haga clic en **Move the selected items** en el paso 2.*

■ La ventana de diálogo Move Items aparece.

■ Esta área exhibe los lugares donde puede mover los archivos. Una localización que despliega un signo de más (⊞) tiene ítemes escondidos.

■ Para desplegar los ítemes ocultos, haga clic en el signo de más (⊞) junto a la localización (⊞ cambia a ⊟).

3 Haga clic en la localización a la que desea mover el archivo.

4 Haga clic en **Move** para mover el archivo.

SIMPLIFÍQUESE

¿Por qué debería mover un archivo?

Quizás usted desee mover un archivo a una carpeta diferente para tener todos los archivos de un mismo tipo en un solo lugar. Por ejemplo, puede mover todos sus documentos a la carpeta My Documents, proporcionada por Windows. Windows además incluye las carpetas My Pictures y My Music que son útiles para almacenar sus imágenes y archivos musicales. Para abrir una de estas carpetas, refiérase a la página 22.

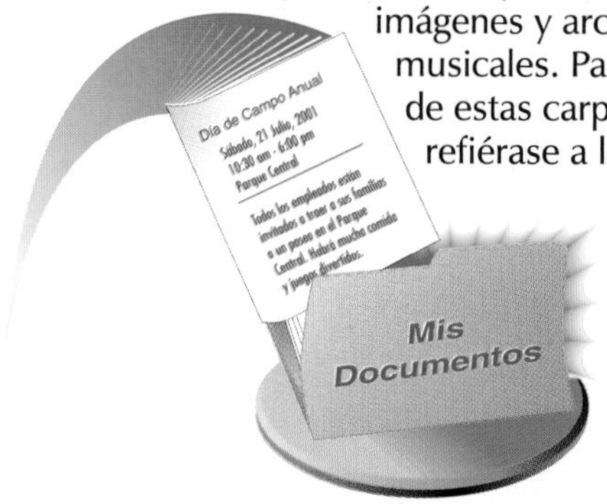

SIMPLIFÍQUESE

¿Por qué aparece un recuadro de diálogo cuando intento mover un archivo?

Cuando intenta mover un archivo a una carpeta que ya contiene un archivo con el mismo nombre, aparece un recuadro de diálogo en el que puede confirmar el cambio. Haga clic en **Yes** o **No** en el recuadro de diálogo para especificar si desea reemplazar el archivo existente por el archivo que está moviendo.

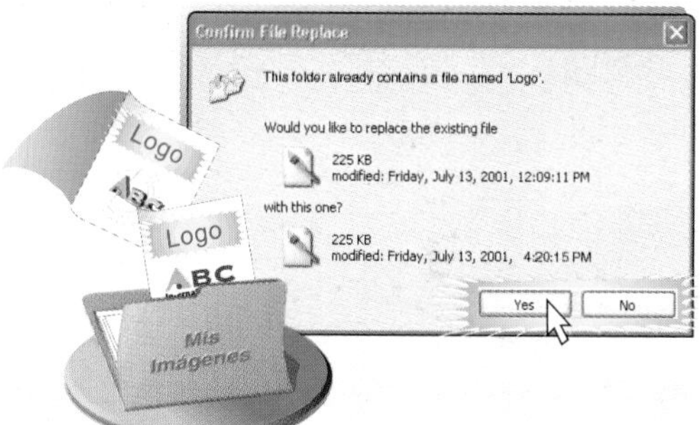

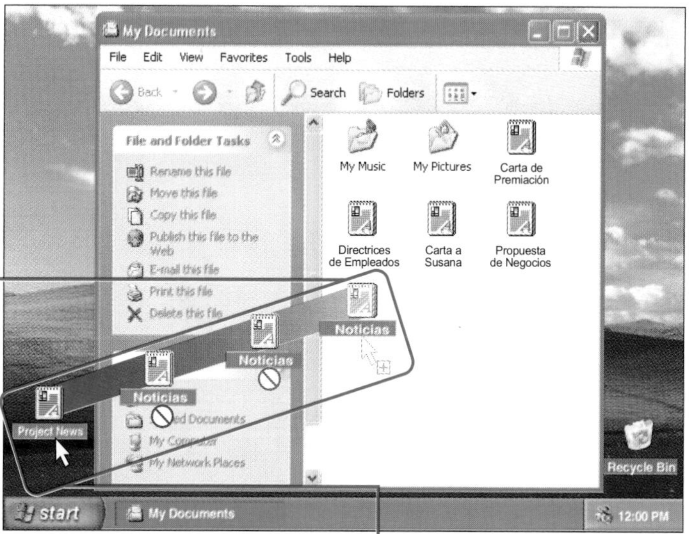

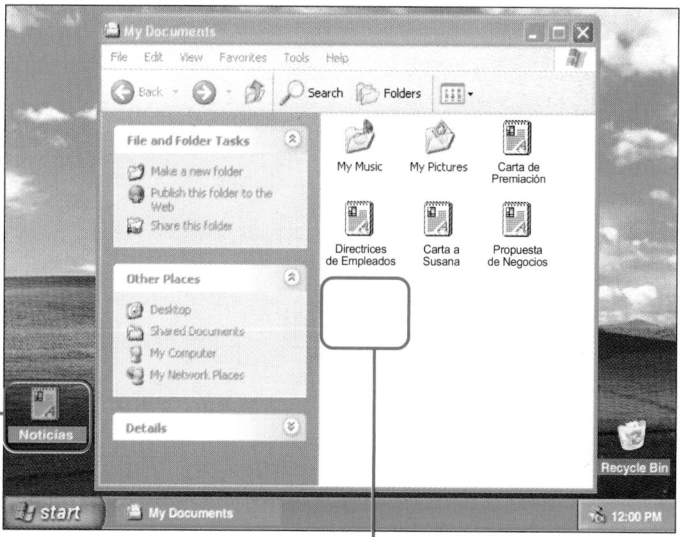

USAR ARRASTRAR Y SOLTAR

■ Antes de mover un archivo, asegúrese de haber identificado claramente la localización a donde lo va a mover.

1 Posicione el mouse sobre el archivo que desea mover.

■ Para mover más de un archivo a la vez, solo selecciónelos. En seguida posicione el mouse sobre uno de los archivos. Para saber cómo seleccionar archivos múltiples, refiérase a la página 34.

2 Arrastre el archivo a su nueva posición.

■ El archivo se mueve a su nueva localización.

■ El archivo desaparece de su localización original.

COPIAR UN ARCHIVO

> Puede copiar un archivo a una nueva localización de su computadora.

Cuando copie un archivo, esté aparecerá en su localización original y en la nueva.

Puede copiar una carpeta de la misma forma en que copia un archivo. Cuando copie una carpeta, todos los archivos contenidos en ella se copiarán también.

COPIAR UN ARCHIVO

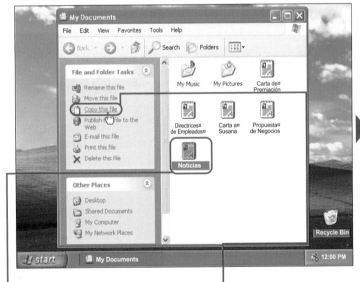

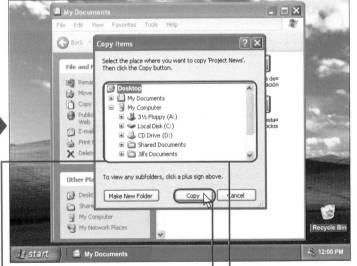

1 Haga clic en el archivo que desea copiar.

■ Para copiar más de un archivo al mismo tiempo, seleccione todos los archivos que desee copiar. Para seleccionar archivos múltiples, refiérase a la página 34.

2 Haga clic en **Copy this file**.

*Nota: Si selecciona archivos múltiples, haga clic en **Copy the selected items**, refiérase a la página 2.*

■ La ventana de diálogo Copy Items aparece.

■ Esta área despliega las localizaciones a donde puede copiar un archivo. Una localización que exhiba un signo de más (⊞) contiene ítemes escondidos.

3 Para exhibir los ítemes escondidos en una localización, haga clic en el signo de más (⊞) junto a la localización (⊞ cambia a ⊟).

4 Haga clic en la localización a la que desea mover el archivo.

5 Haga clic en **Copy** para copiar el archivo.

¿Puedo copiar un archivo a la misma carpeta en que este se encuantra?

Si. Si copia un archivo a la misma carpeta en que este se encuentra Windows agregará "Copy of" (Copia de) de nombre del nuevo archivo. Esto es útil si planea hacer cambios al archivo, pero quiere mantener la copia original. Esto le da dos copias: la del archivo original y una que puede cambiar.

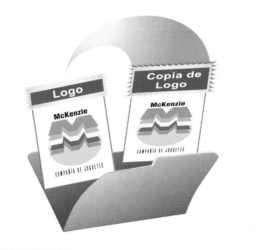

USAR ARRASTRAR Y SOLTAR

■ Antes de copiar un archivo, asegúrese de haber identificado claramente la localización a donde desea copiarlo.

1 Posicione el mouse ↖ sobre el archivo que desea copiar.

■ Para copiar más de un archivo al mismo tiempo, solo selecciónelos. Después ponga el ↖ del mouse sobre uno de los archivos. Para saber como seleccionar archivos múltiples, refiérase a la página 34.

2 Presione la tecla Ctrl mientras arrastra el archivo a su nueva ubicación.

■ Una copia del archivo aparece en su nueva posición.

■ El archivo original permanece en su localización.

Puede enviar un archivo por correo electrónico a un amigo, compañero o a cualquier miembro de su familia. Pero deberá tener una cuenta de correo electrónico establecida en su computadora para poder hacerlo.

Puede enviar por correo varios tipos de archivos, incluyendo documentos, imágenes, videos y sonidos. La computadora que recibe el archivo debe tener instalado el hardware y el software necesarios para desplegar o reproducir el archivo.

ENVIAR UN ARCHIVO POR CORREO ELECTRÓNICO

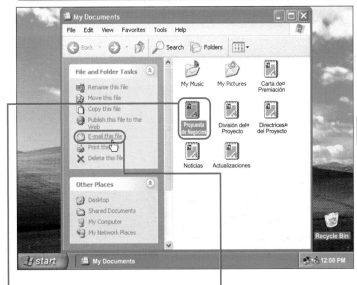

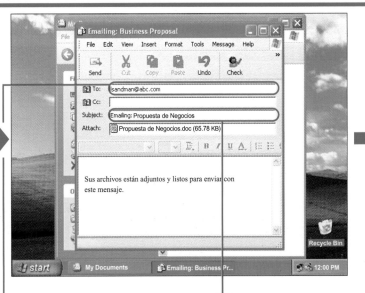

1 Haga clic en el archivo que desea enviar adjunto a un mensaje de correo electrónico.

■ Para enviar más de un archivo por e-mail, solo selecciónelos. Para seleccionar archivos múltiples, refiérase a la página 34.

2 Haga clic en **E-mail this file**.

*Nota: Si selecciona archivos múltiples, haga clic en **E-mail the selected items** en el paso 2.*

■ Una ventana aparece permitiéndole redactar un mensaje.

3 Escriba la dirección de correo electrónico de su destinatario.

Nota: Para enviar el mensaje a más de una persona, separe cada dirección con un punto y coma (;).

4 Windows utiliza el nombre del archivo como asunto. Para especificar un asunto diferente, arrastre el mouse I sobre el asunto y escriba uno nuevo.

¿Por qué aparece un cuadro de diálogo cuando intento enviar una imagen por correo electrónico?

Windows puede cambiar el tamaño del archivo y las dimensiones de la imagen para que esta se transfiera más rápido por Internet y se ajuste a la pantalla de la computadora de su destinatario. Reducir el tamaño de la imagen es útil cuando desea enviar una imagen grande, puesto que la mayoría de las compañías que ofrecen cuentas de correo electrónico no permiten enviar mensajes de más de 2 MB.

■ Haga clic en la opción que le permite reducir el tamaño de la imagen o mantenga el tamaño original (○ cambia a ◉). Luego presione la tecla **Enter**.

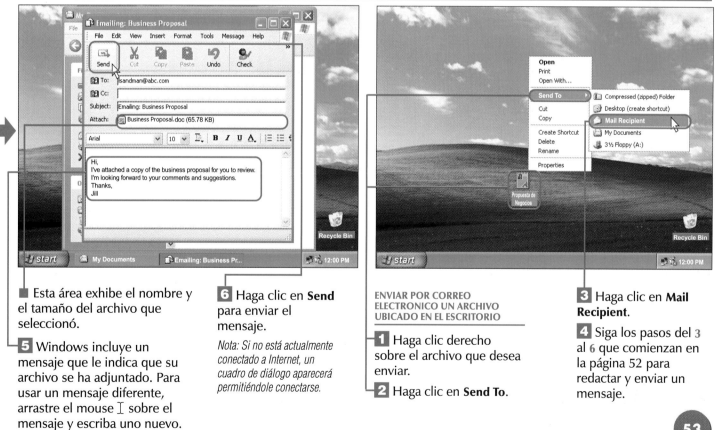

■ Esta área exhibe el nombre y el tamaño del archivo que seleccionó.

5 Windows incluye un mensaje que le indica que su archivo se ha adjuntado. Para usar un mensaje diferente, arrastre el mouse I sobre el mensaje y escriba uno nuevo.

6 Haga clic en **Send** para enviar el mensaje.

Nota: Si no está actualmente conectado a Internet, un cuadro de diálogo aparecerá permitiéndole conectarse.

ENVIAR POR CORREO ELECTRONICO UN ARCHIVO UBICADO EN EL ESCRITORIO

1 Haga clic derecho sobre el archivo que desea enviar.

2 Haga clic en **Send To**.

3 Haga clic en **Mail Recipient**.

4 Siga los pasos del 3 al 6 que comienzan en la página 52 para redactar y enviar un mensaje.

53

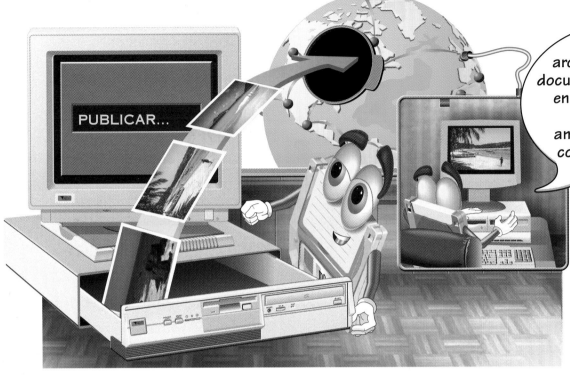

Puede publicar archivos, tales como documentos o imágenes, en un sitio Web para permitir a sus amigos, familiares o compañeros verlos.

Si tiene solo uno o dos pequeños archivos que desee compartir con otra persona, quizás desee hacerlo por e-mail. Para enviar mensajes por correo eletrónico, refiérase a la página 210.

PUBLICAR UN ARCHIVO EN UN SITIO WEB

1 Haga clic en el archivo que desea publicar en la web.

■ Para publicar más de un archivo, seleccione todos los archivos que desea publicar. Para seleccionar archivos múltiples, refiérase a la página 34.

2 Haga clic en **Publish this file to the Web**.

*Nota: Si seleccionó archivos múltiples, haga clic en **Publish the selected items to the Web** en el paso 2.*

■ Web Publishing Wizard aparece.

■ Esta área describe el asistente.

3 Haga clic en **Next** para continuar.

¿Por qué Web Publishing Wizard me pide establecer una cuenta antes de elegir un proveedor del servicio?

La primera vez que publique un archivo en la Web, deberá establecer una cuenta de correo con algún proveedor del servicio. Siga las instrucciones en su pantalla para hacerlo. Una vez que haya establecido su cuenta, se necesitará una contraseña que le permita acceder a los servicios de la Internet usando un solo nombre de usuario y una contraseña. Si ya tiene una cuenta, para continuar únicamente necesitará conectarse a su cuenta.

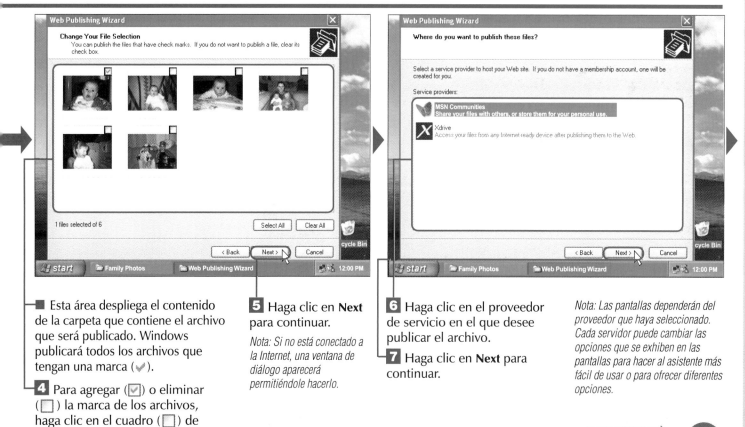

■ Esta área despliega el contenido de la carpeta que contiene el archivo que será publicado. Windows publicará todos los archivos que tengan una marca (✔).

4 Para agregar (☑) o eliminar (☐) la marca de los archivos, haga clic en el cuadro (☐) de cada archivo.

5 Haga clic en **Next** para continuar.

Nota: Si no está conectado a la Internet, una ventana de diálogo aparecerá permitiéndole hacerlo.

6 Haga clic en el proveedor de servicio en el que desee publicar el archivo.

7 Haga clic en **Next** para continuar.

Nota: Las pantallas dependerán del proveedor que haya seleccionado. Cada servidor puede cambiar las opciones que se exhiben en las pantallas para hacer al asistente más fácil de usar o para ofrecer diferentes opciones.

CONTINÚA

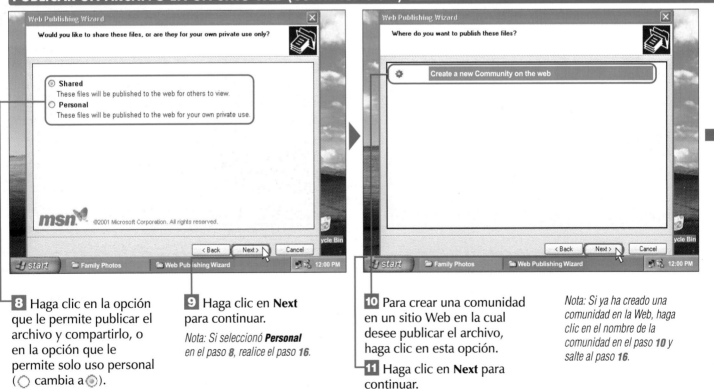

Si seleccionó el servidor MSN para publicar su archivo, tendrá la opción de compartir el archivo con otra gente o publicarlo solo para su uso personal.

PUBLICAR UN ARCHIVO EN UN SITIO WEB (CONTINUACIÓN)

8 Haga clic en la opción que le permite publicar el archivo y compartirlo, o en la opción que le permite solo uso personal (○ cambia a ◉).

9 Haga clic en **Next** para continuar.

*Nota: Si seleccionó **Personal** en el paso **8**, realice el paso **16**.*

10 Para crear una comunidad en un sitio Web en la cual desee publicar el archivo, haga clic en esta opción.

11 Haga clic en **Next** para continuar.

*Nota: Si ya ha creado una comunidad en la Web, haga clic en el nombre de la comunidad en el paso **10** y salte al paso **16**.*

¿Por qué debería publicar un archivo para mi uso personal?

Puede publicar un archivo para su uso personal y almacenar una copia de seguridad de cualquier archivo importante en caso de que su computadora falle o incidentalmente borre el archivo. Además publicar un archivo le permite acceder a él desde diferentes puntos. Por ejemplo, puede publicar una presentación que planee enviar, de modo que pueda acceder a ella desde cualquier lugar.

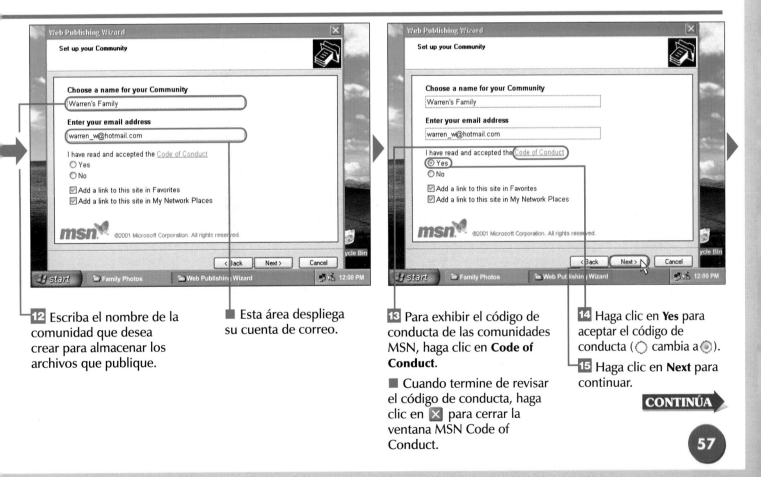

■ 12 Escriba el nombre de la comunidad que desea crear para almacenar los archivos que publique.

■ Esta área despliega su cuenta de correo.

■ 13 Para exhibir el código de conducta de las comunidades MSN, haga clic en **Code of Conduct**.

■ Cuando termine de revisar el código de conducta, haga clic en ⊠ para cerrar la ventana MSN Code of Conduct.

■ 14 Haga clic en **Yes** para aceptar el código de conducta (○ cambia a ◉).

■ 15 Haga clic en **Next** para continuar.

CONTINÚA

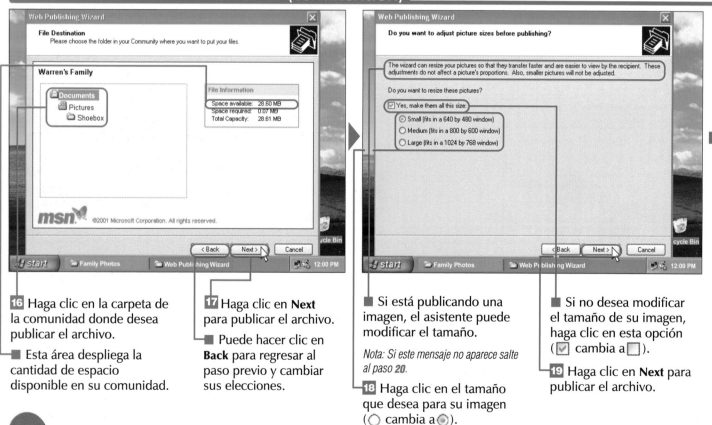

Si está publicando una imagen, Web Publishing Wizard puede ajustar el tamaño de la imagen para que se transfiera más rápido y sea más fácil de ver en la pantalla de la computadora.

PUBLICAR UN ARCHIVO EN UN SITIO WEB (CONTINUACIÓN)

16 Haga clic en la carpeta de la comunidad donde desea publicar el archivo.

■ Esta área despliega la cantidad de espacio disponible en su comunidad.

17 Haga clic en **Next** para publicar el archivo.

■ Puede hacer clic en **Back** para regresar al paso previo y cambiar sus elecciones.

■ Si está publicando una imagen, el asistente puede modificar el tamaño.

Nota: Si este mensaje no aparece salte al paso 20.

18 Haga clic en el tamaño que desea para su imagen (○ cambia a ◉).

■ Si no desea modificar el tamaño de su imagen, haga clic en esta opción (☑ cambia a ☐).

19 Haga clic en **Next** para publicar el archivo.

¿Cómo puedo manejar los archivos que publiqué en Web?

My Network Places

Antes de publicar archivos en la Web, la ventana My Network Places puede contener una carpeta que almacena las conexiones a los archivos que ha publicado. Cuando no está conectado a Internet, puede agregar o borrar archivos en la carpeta para agregar o borrar los archivos en la Web. Para abrir la ventana My Network Places, refiérase a la página 170.

Páginas Web Favoritas

La lista de sus páginas Web favoritas pueden también exhibir una conexión al sitio Web donde publicó los archivos. Para ver la lista, refiérase a la página 199.

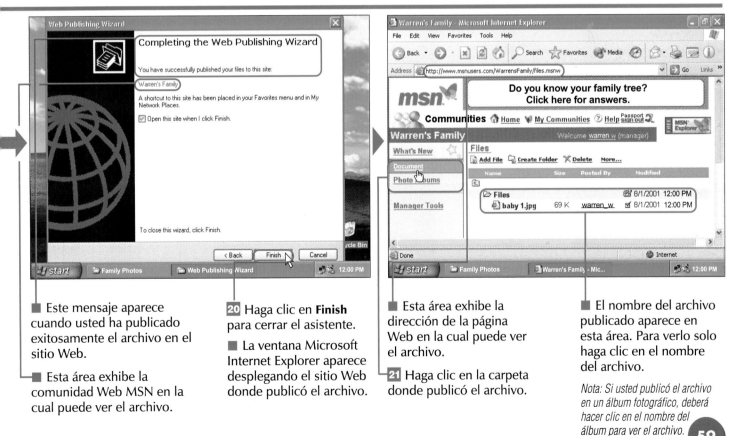

■ Este mensaje aparece cuando usted ha publicado exitosamente el archivo en el sitio Web.

■ Esta área exhibe la comunidad Web MSN en la cual puede ver el archivo.

20 Haga clic en **Finish** para cerrar el asistente.

■ La ventana Microsoft Internet Explorer aparece desplegando el sitio Web donde publicó el archivo.

■ Esta área exhibe la dirección de la página Web en la cual puede ver el archivo.

21 Haga clic en la carpeta donde publicó el archivo.

■ El nombre del archivo publicado aparece en esta área. Para verlo solo haga clic en el nombre del archivo.

Nota: Si usted publicó el archivo en un álbum fotográfico, deberá hacer clic en el nombre del álbum para ver el archivo.

59

CREAR UN NUEVO ARCHIVO

> Puede crear, poner nombre y almacenar un archivo en una nueva posición de manera instantánea sin necesidad de iniciar un programa.

Crear un nuevo archivo sin iniciar un programa le permite concentrarse en la organización de sus archivos y no en el de los programas que necesita para hacerlo.

CREAR UN NUEVO ARCHIVO

1 Despliegue el contenido de la carpeta en la que piensa guardar el nuevo archivo.

Nota: Para explorar las carpetas de su computadora, vea de la página 22 a la 25.

2 Haga clic en **File**.

3 Haga clic en **New**.

4 Escriba el tipo de archivo que desea crear.

¿Qué tipo de archivos puedo crear?

Los tipos de archivos que puedo crear dependen de los programas instalados en su computadora. De manera predefinida, Windows le permite crear los siguientes tipos de archivos:

Tipo de archivo	Descripción
Maletín	Almacena copias de archivos con los que desee trabajar desde otra computadora.
Imagen de mapa de bits	Crea un archivo de imagen.
Documento Wordpad	Crea documentos de WordPad.
Archivo de texto enriquecido	Crea documentos que pueden contener formato.
Documento de texto	Crea documentos que no pueden contener formato.
Onda de sonido	Crea archivos de sonido.
Comprimido (zipped) Folder	Crea una carpeta que comprime su contenido y ahorra espacio de almacenamiento.

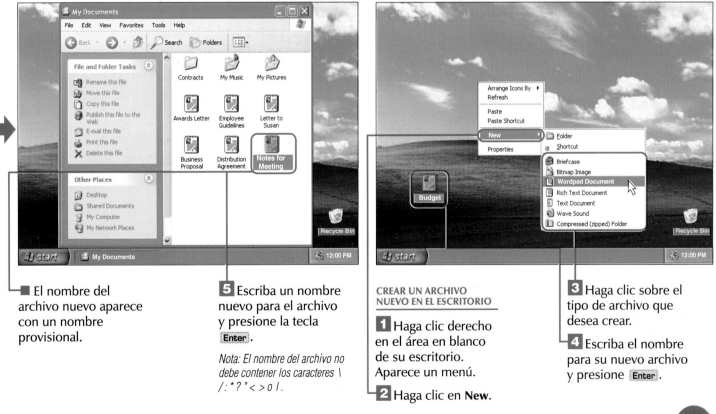

■ El nombre del archivo nuevo aparece con un nombre provisional.

5 Escriba un nombre nuevo para el archivo y presione la tecla `Enter`.

*Nota: El nombre del archivo no debe contener los caracteres \ / : * ? " < > o |.*

CREAR UN ARCHIVO NUEVO EN EL ESCRITORIO

1 Haga clic derecho en el área en blanco de su escritorio. Aparece un menú.

2 Haga clic en **New**.

3 Haga clic sobre el tipo de archivo que desea crear.

4 Escriba el nombre para su nuevo archivo y presione `Enter`.

Puede crear una carpeta nueva para organizar los archivos almacenados en su computadora.

NUEVO

Crear una carpeta es como colocar una carpeta nueva en un archivero.

CREAR UNA CARPETA NUEVA

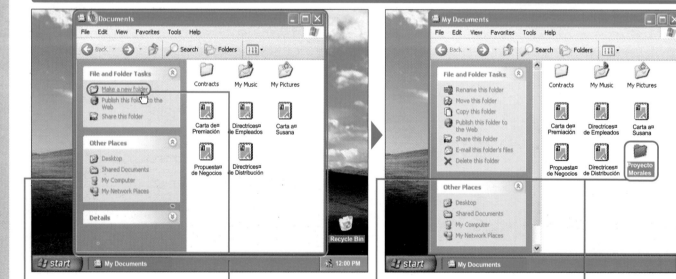

1 Despliegue el contenido de la carpeta a la que agregará una carpeta nueva.

Nota: Para rastrear las carpetas de su computadora, refiérase a las páginas de la 22 a la 25.

2 Haga clic en **Make a new folder**.

Nota: Si la opción Make a new folder no está disponible, haga clic en el área en blanco de la ventana para mostrar la opción.

■ La nueva carpeta aparece exhibiendo un nombre provisional.

3 Escriba un nombre para la nueva carpeta y presione Enter.

Nota: El nombre de la carpeta no debe contener los caracteres \ / : " < > ó _.

¿Cómo puede el crear una nueva carpeta ayudarme a organizar los archivos de mi computadora?

Puede crear una carpeta nueva para almacenar los archivos que desea mantener juntos, como los archivos de un proyecto particular. Esto le permitirá localizarlos rápidamente. Por ejemplo, puede crear una carpeta llamada "Informes" y almacenar en ella todos sus informes acerca de un asunto. Puede crear cuantas carpetas necesite.

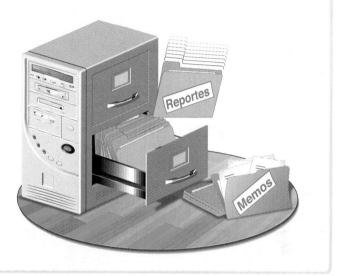

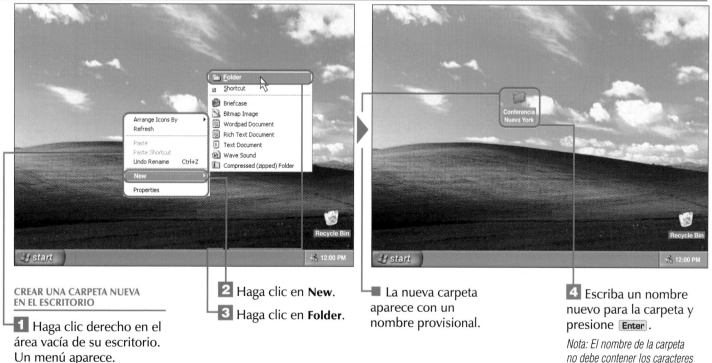

CREAR UNA CARPETA NUEVA EN EL ESCRITORIO

1 Haga clic derecho en el área vacía de su escritorio. Un menú aparece.

2 Haga clic en **New**.

3 Haga clic en **Folder**.

■ La nueva carpeta aparece con un nombre provisional.

4 Escriba un nombre nuevo para la carpeta y presione Enter.

Nota: El nombre de la carpeta no debe contener los caracteres \ / : " < > ó _.

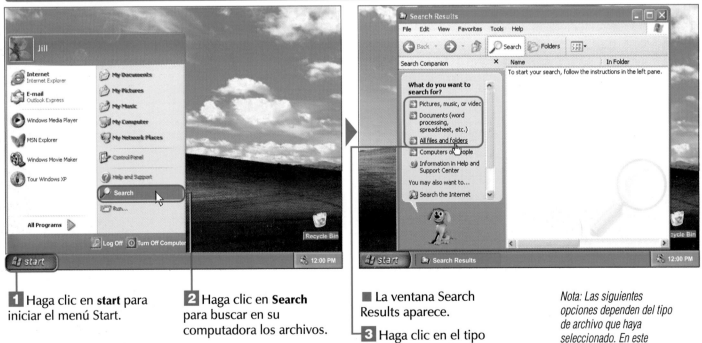

BUSCAR ARCHIVOS

1 Haga clic en **start** para iniciar el menú Start.

2 Haga clic en **Search** para buscar en su computadora los archivos.

■ La ventana Search Results aparece.

3 Haga clic en el tipo de archivo que desea buscar.

*Nota: Las siguientes opciones dependen del tipo de archivo que haya seleccionado. En este ejemplo está seleccionado **All files and folders**.*

¿Qué otras opciones me ofrece Windows para encontrar un archivo?

Windows ofrece varias opciones, dependiendo del tipo de archivo que haya seleccionado en el paso 3 de la página 64.

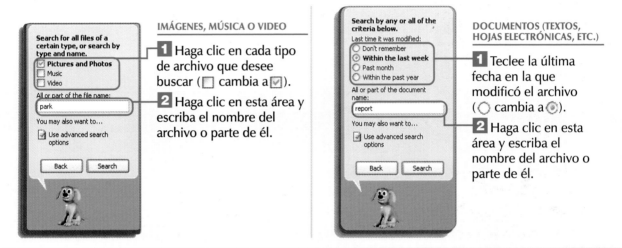

IMÁGENES, MÚSICA O VIDEO

1 Haga clic en cada tipo de archivo que desee buscar (☐ cambia a ☑).

2 Haga clic en esta área y escriba el nombre del archivo o parte de él.

DOCUMENTOS (TEXTOS, HOJAS ELECTRÓNICAS, ETC.)

1 Teclee la última fecha en la que modificó el archivo (○ cambia a ◉).

2 Haga clic en esta área y escriba el nombre del archivo o parte de él.

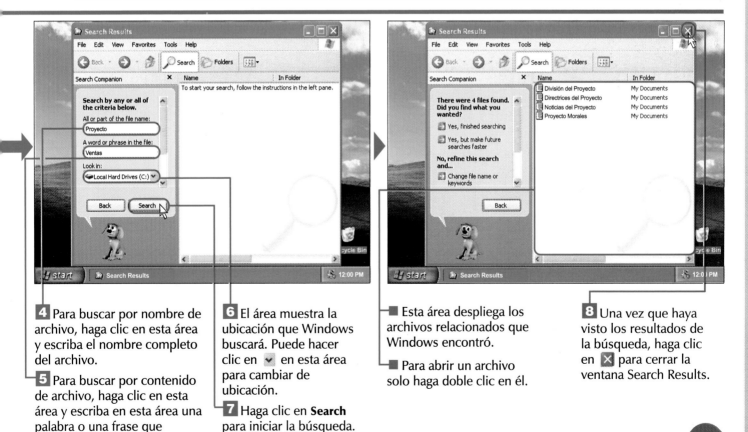

4 Para buscar por nombre de archivo, haga clic en esta área y escriba el nombre completo del archivo.

5 Para buscar por contenido de archivo, haga clic en esta área y escriba en esta área una palabra o una frase que aparezca en el archivo.

6 El área muestra la ubicación que Windows buscará. Puede hacer clic en ⌄ en esta área para cambiar de ubicación.

7 Haga clic en **Search** para iniciar la búsqueda.

■ Esta área despliega los archivos relacionados que Windows encontró.

■ Para abrir un archivo solo haga doble clic en él.

8 Una vez que haya visto los resultados de la búsqueda, haga clic en ✕ para cerrar la ventana Search Results.

AGREGAR UN ACCESO DIRECTO A SU ESCRITORIO

Puede crear un acceso directo en su escritorio para acceder más rápido a un archivo que use regularmente.

AGREGAR UN ACCESO DIRECTO A SU ESCRITORIO

1 Haga clic en el archivo para el que desea crear un acceso directo.

2 Haga clic en **File**.

3 Haga clic en **Send To**.

4 Haga clic en **Desktop (create shortcut)**.

¿Cómo puedo cambiar el nombre de un acceso directo o borrarlo?

Puede hacerlo de la misma manera que cambia el nombre o borra cualquier archivo. Cambiar el nombre de un acceso directo o borrarlo no afectará al programa original. Para cambiar el nombre de un archivo, refiérase a la página 55; para borrar un archivo, a la 44.

¿Puedo mover un acceso directo a una ubicación diferente?

Sí. Si no desea que el acceso directo aparezca en su escritorio puede moverlo a un lugar diferente en su computadora de la misma manera en que mueve cualquier archivo. Para saber cómo mover un archivo, refiérase a la página 48.

■ El acceso directo aparece en su escritorio.

■ Puede diferenciar entre el acceso directo y el archivo original porque el icono del acceso directo muestra una flecha (🠕).

■ Para abrir el archivo haga doble clic en el acceso directo.

Nota: Puede crear un acceso directo a una carpeta de la misma manera en que lo hace para un archivo. Crear un acceso directo a una carpeta le dará rápido acceso a todos los archivos que esa carpeta contenga.

COPIAR UN ARCHIVO A UN DISQUETE

Copiar un archivo a una unidad de disquete es útil si desea dárselo a un amigo, familiar o compañero.

Al copiar un archivo a un disquete, asegúrese de que esté formateado.

COPIAR UN ARCHIVO A UN DISQUETE

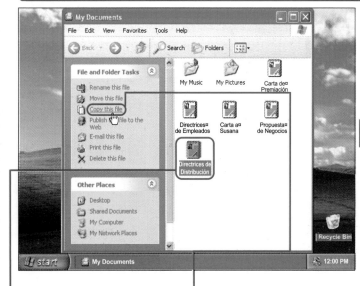

1 Inserte el disquete en la unidad de disquetes.

2 Haga clic en el archivo que desea copiar al disquete.

■ Para copiar más de un archivo, seleccione todos los que deban copiarse. Para seleccionar archivos múltiples, refiérase a la página 34.

3 Haga clic en **Copy this file**.

*Nota: Si seleccionó archivos múltiples, haga clic en **Copy the selected items** en el paso 3.*

■ La ventana de diálogo Copy Items aparece.

4 Haga clic en la unidad que contiene el disquete.

5 Haga clic en **Copy** para copiar el archivo al disquete.

¿Cómo puedo proteger la información de mis disquetes?

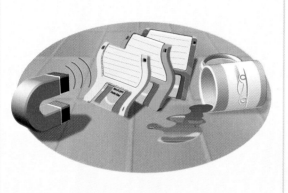

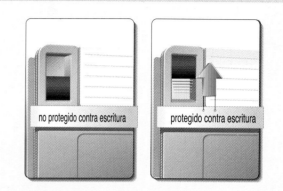

no protegido contra escritura | protegido contra escritura

Almacenar en un lugar seguro

Guarde en una ubicación segura, manténgalos fuera de la humedad, el calor o el magnetismo, ya que pueden dañar la información almacenada en los disquetes.

Protección contra escritura

Use el seguro de protección para prevenir que otras personas realicen cambios en la información contenida en los disquetes.

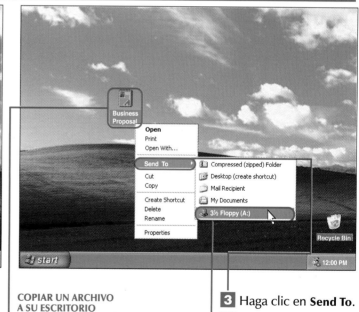

■ Windows guarda una copia de seguridad del archivo en el disquete.

Nota: Para ver el contenido de un disquete, refiérase a la página 24.

■ Puede copiar una carpeta en un disquete de la misma forma en que copia un archivo. Cuando copie una carpeta, Windows copia todos los archivos que ella contenga.

COPIAR UN ARCHIVO A SU ESCRITORIO

1 Inserte el disquete en la unidad de disquetes.

2 Haga clic derecho en el archivo que desea copiar al disquete. Un menú aparece.

3 Haga clic en **Send To**.

4 Haga clic en la unidad que contenga el disquete.

Puede copiar archivos (como documentos e imágenes) de la computadora a un CD.

Necesitará una unidad de CD para copiar los archivos. Para mayor información sobre unidades de CD, refiérase a la página 95.

Si solo desea copiar canciones a un CD, refiérase a la página 94 para saber más sobre cómo usar Windows Media Player para copiar canciones.

Un CD tiene la capacidad de almacenar 650 MB de información.

COPIAR ARCHIVOS A UN CD

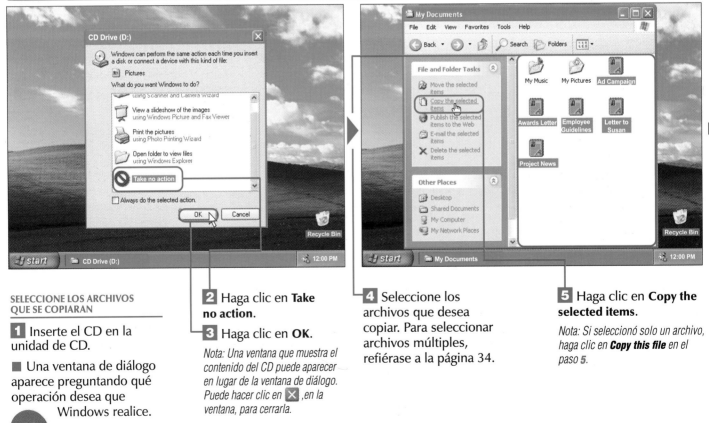

SELECCIONE LOS ARCHIVOS QUE SE COPIARAN

1 Inserte el CD en la unidad de CD.

■ Una ventana de diálogo aparece preguntando qué operación desea que Windows realice.

2 Haga clic en **Take no action**.

3 Haga clic en **OK**.

Nota: Una ventana que muestra el contenido del CD puede aparecer en lugar de la ventana de diálogo. Puede hacer clic en ☒ ,en la ventana, para cerrarla.

4 Seleccione los archivos que desea copiar. Para seleccionar archivos múltiples, refiérase a la página 34.

5 Haga clic en **Copy the selected items**.

Nota: Si seleccionó solo un archivo, haga clic en **Copy this file** en el paso **5**.

70

¿Para qué debo copiar archivos a un CD?

Es útil copiar archivos a un CD porque permite transferir una mayor cantidad de información entre computadoras o hacer copias de respaldo de los archivos guardados en la computadora. Hacer copias de respaldo de sus archivos es importante en caso de que incidentalmente los borre o si su computadora presenta fallas.

¿Puedo copiar una carpeta en un CD?

Sí. Puede hacerlo de la misma manera en que copia archivos. Cuando copie una carpeta a un CD, Windows copiara todos los archivos que se encuentren en ella. Para copiar una carpeta a un CD, siga los pasos del 1 al 7 de la página 90, pero en el paso 5 seleccione **Copy this folder**. En seguida realice los pasos del 1 al 8 de la página 91.

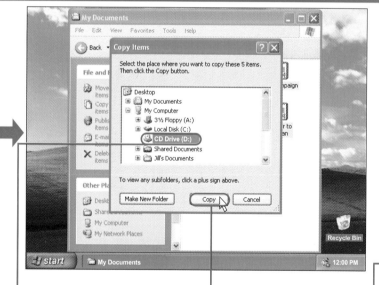

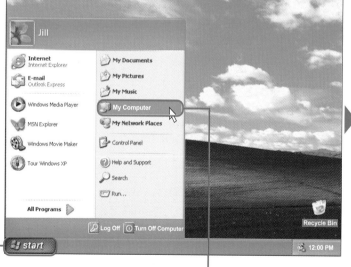

■ La ventana de diálogo Copy Items aparece.

6 Haga clic en la unidad de CD que contenga el CD al que desea copiar los archivos.

7 Haga clic en **Copy** para almacenar en una área temporal una copia del archivo, donde el archivo permanecerá hasta que lo copie en un CD.

■ Puede repetir los pasos del 4 al 7 para cada grupo de archivos que desee copiar al CD.

COPIAR LOS ARCHIVOS
SELECCIONADOS A UN CD

1 Haga clic en **start** para abrir el menú Start.

2 Haga clic en **My Computer** para ver el contenido de su computadora.

CONTINÚA

COPIAR ARCHIVOS A UN CD

Antes de copiar los archivos que haya seleccionado, Windows almacena los archivos en una área de almacenaje temporal de su computadora. Esto le permite revisar los archivos seleccionados antes de copiarlos al CD.

COPIAR ARCHIVOS A UN CD (CONTINUACIÓN)

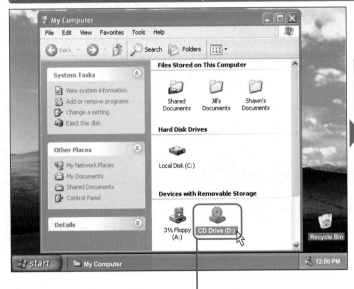

■ La ventana My Computer aparece.

3 Haga doble clic en la unidad de CD que contiene el CD que utilizará.

■ Una ventana aparece desplegando los archivos almacenados en el área temporal de su computadora, además de los almacenados en el CD.

Nota: Si la ventana muestra un archivo que ya no desea copiar, puede borrarlo. Para saber cómo borrar un archivo, refiérase a la página 44.

4 Haga clic en **Write these files to CD** para copiarlos al CD.

¿Puedo copiar archivos a un CD en diferentes momentos?

Sí, pero cada vez que copie archivos a un CD, aproximadamente 20 MB de información extra se almacena en él. Para aprovechar mejor la capacidad de almacenamiento de un CD, copie todos los archivos que vaya a incluir en el CD al mismo tiempo.

¿Cómo puedo borrar un disco CD-RW?

Puede borrar un disco CD-RW para borrar de manera definitiva todos los archivos del disco. No puede borrar un disco CD-R.

2 Haga clic en **Erase this CD-RW**.

■ El asistente CD Writing Wizard aparece. Para borrar el disco, siga las instrucciones del asistente.

1 Exhiba el contenido del disco CD-RW. Para ver el contenido de un disco, refiérase a la página 24.

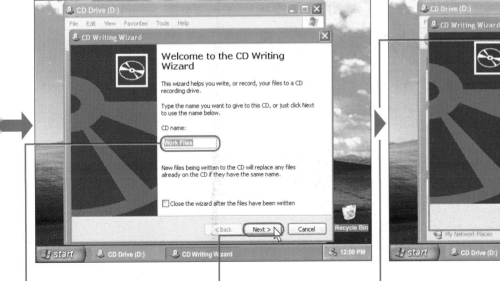

■ El asistente CD Writing Wizard aparece.

5 Escriba un nombre para el CD.

Nota: El nombre que haya especificado para el CD aparecerá en la ventana My Computer cuando el CD esté en la unidad. Para ver la ventana My Computer, refiérase a la página 24.

6 Haga clic en **Next** para copiar el archivo.

■ Este mensaje aparecerá cuando Windows haya copiado exitosamente los archivos al CD.

Nota: Windows automáticamente sacará el CD de la unidad cuando la copia esté lista.

7 Haga clic en **Finish** para cerrar el asistente.

8 Haga clic en ☒ para cerrar la ventana de la unidad de CD.

Nota: Para desplegar el contenido de un CD y confirmar que los archivos se copiaron, refiérase a la página 24.

CAPÍTULO 4

TRABAJAR CON MÚSICA Y VIDEOS

En este capítulo, aprenderá a usar el programa Windows Media Player. Aprenderá a reproducir discos compactos de música, escuchar estaciones de radio de la Internet, copiar temas musicales a un CD o a un dispositivo portátil y más.

Puede usar Windows Media Player para reproducir muchos tipos de archivos de sonido y de video de su computadora.

Puede usar Windows Media Player para reproducir muchos tipos de archivos de sonido y de video de su computadora.

REPRODUCIR UN SONIDO O UN VIDEO

1 Haga doble clic en el sonido o el archivo de video que desea reproducir.

■ La ventana Windows Media Player aparece.

■ Si seleccionó un archivo de video, esta área muestra el video.

Nota: Si seleccionó un archivo de sonido, el sonido se reproduce. El área puede mostrar una representación gráfica del sonido.

■ Este dispositivo deslizante (⬤) indica el progreso del sonido o del archivo de video.

2 Para usar la pantalla entera para ver el video que actualmente se reproduce, haga clic en ⬡.

¿Puedo desplegar Windows Media Player en un
tamaño más pequeño?

Sí. Puede cambiar el tamaño y la apariencia de
Windows Media Player cambiando del modo completo
a un modo con una apariencia más pequeña.

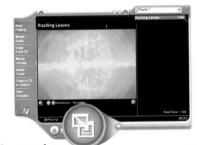

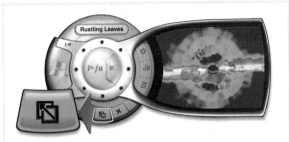

Modo completo

El modo completo le permite acceder a todas
las características que Windows Media Player
proporciona. Puede hacer clic en 🔲 para
cambiar la apariencia en cualquier momento.

El modo de apariencia

El modo de apariencia emplea menos espacio de su
pantalla, pero ofrece menos características que el
modo completo. Puede hacer clic en 🔲 para
regresar al modo completo en cualquier momento.

■ El video continúa
reproduciéndose usando
la pantalla completa.

■ Para exhibir de
nuevo el video de una
ventana, presione la
tecla Esc.

3 Para ajustar el volumen,
arrastre el dispositivo
deslizante (🔘) a la izquierda o
derecha para disminuir o
aumentar el volumen.

4 Para pausar o detener la
reproducción del archivo de
sonido o de video, haga clic en 🔘
o en 🔘 (🔘 cambia a 🔘).

■ Puede hacer clic en 🔘 para
reanudar la reproducción del
archivo de sonido o de video.

5 Cuando termine de
reproducir el archivo de
sonido o de video, haga clic
en ✕ para cerrar la ventana
de Windows
Media Player.

REPRODUCIR UN CD DE MÚSICA

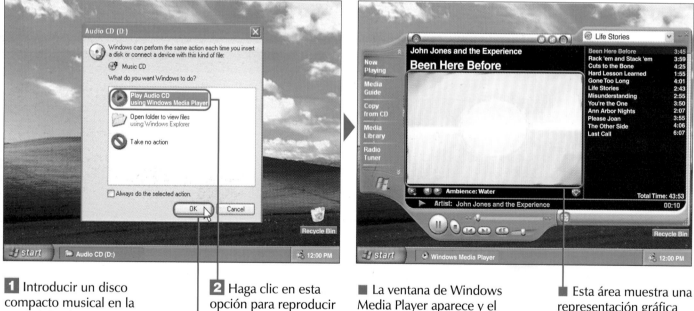

> Puede usar su computadora para reproducir discos compactos de música mientras trabaja.

Necesita una computadora con capacidad de sonido y una unidad de CD ROM para reproducir discos compactos de música.

REPRODUCIR UN CD DE MÚSICA

1 Introducir un disco compacto musical en la unidad de CD ROM.

■ El cuadro de diálogo Audio CD aparece, preguntando qué desea que Windows haga.

2 Haga clic en esta opción para reproducir un CD musical.

3 Haga clic en **OK**.

■ La ventana de Windows Media Player aparece y el CD comienza a reproducirse.

■ Esta área muestra una representación gráfica de la canción que actualmente se reproduce.

SIMPLIFÍQUESE

¿Cómo sabe Windows Media Player el nombre de cada canción de mi CD de música?

Si está conectado a Internet cuando reproduce un CD musical, Windows Media Player intenta sacar información del CD de Internet. Si no está conectado a Internet o si la información del CD no está disponible, Windows Media Player muestra el número de pista de cada canción en su lugar. Si Windows Media Player puede obtener información del CD, entonces el sistema reconocerá el disco y mostrará la información del caso cada vez que inserte el CD.

■ Esta área muestra la lista de los temas del CD y la cantidad de tiempo que dura cada uno. La canción que se reproduce actualmente se resalta.

■ Este dispositivo deslizante ( ) indica el progreso de la canción actual.

■ Esta área muestra la cantidad de tiempo que la canción actual se ha reproducido.

AJUSTAR EL VOLUMEN

4 Para ajustar el volumen, arrastre este dispositivo deslizante ( ) a la izquierda o a la derecha para disminuir o aumentar el volumen.

DESACTIVAR EL SONIDO

5 Haga clic en para desactivar el sonido (cambia a).

■ Puede hacer clic en para activar el sonido de nuevo.

CONTINÚA 79

Al reproducir un CD de música, puede pausar o detener la reproducción del CD en cualquier momento. También puede reproducir una canción específica o puede reproducir las canciones en orden aleatorio.

REPRODUCIR UN CD DE MÚSICA (CONTINUACIÓN)

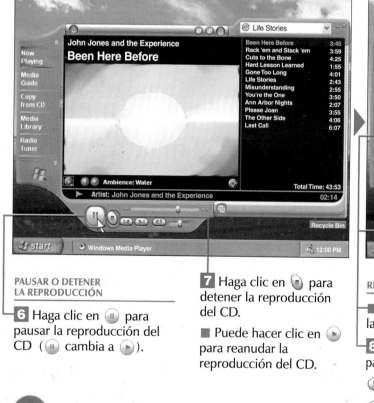

PAUSAR O DETENER LA REPRODUCCIÓN

6 Haga clic en para pausar la reproducción del CD (cambia a).

7 Haga clic en para detener la reproducción del CD.

■ Puede hacer clic en para reanudar la reproducción del CD.

REPRODUCIR OTRA CANCIÓN

■ Esta área muestra la lista de las canciones del CD.

8 Haga clic en una de las opciones para reproducir otra canción.

Reproduce la canción previa.

Reproduce la siguiente canción

■ Para reproducir una canción específica de la lista, haga doble clic en la canción.

¿Cómo puedo reproducir un CD de música mientras realizo otras tareas de mi computadora?

Si desea realizar otras tareas mientras reproduce un CD de música, minimice la ventana de Windows Media Player para eliminar temporalmente la ventana de su pantalla. Para minimizar la ventana del Windows Media Player, haga clic en ▬ la esquina superior derecha de la ventana.

 ¿Puedo escuchar un CD de música en privado?

Puede escuchar un CD de música en privado conectando audífonos en el conector en el frente de su unidad de CD ROM o en los parlantes. Si su unidad de CD ROM o los parlantes no tienen enchufe para el auricular, puede colocar los audífonos en la parte de atrás de su computadora, donde normalmente coloca los parlantes.

REPRODUCIR CANCIONES AL AZAR

9 Haga clic en 🔀 para reproducir las canciones del CD en orden aleatorio (🔀 cambia a 🔀).

■ Puede hacer clic en 🔀 para reproducir otra vez las canciones del CD en orden.

CERRAR WINDOWS MEDIA PLAYER

10 Cuando termina de escuchar un CD, haga clic en ✕ para cerrar la ventana de Windows Media Player.

11 Retire el CD de su unidad de CD ROM.

USAR LA GUÍA DE MEDIOS

La Guía de Medios es como una revista electrónica de Internet que le permite acceder a la última música y películas de Internet.

También puede usar la Guía de Medios (Media Guide) para obtener información en los temas diversos como noticias, deportes y entretenimiento.

Debe tener una conexión a la Internet para usar la Guía de medios.

USAR LA GUÍA DE MEDIOS

1 Haga clic en **start** para abrir el menú Start.

2 Haga clic en **All Programs** para ver la lista de los programas de su computadora.

3 Haga clic en **Windows Media Player**.

■ La ventana de Windows Media Player aparece.

4 Haga clic en la etiqueta **Media Guide**.

Nota: Si no está conectado a Internet, aparece un mensaje señalando que necesita estar conectado.

■ Esta área abre la Media Guide, la cual es una página Web que se actualiza diariamente para suministrar acceso a la última música, películas e información en Internet.

Nota: La Media Guide puede verse diferente en su pantalla.

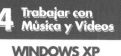

¿Por qué hay velocidades diferentes listadas para un archivo de medios de la Media Guide?

La Media Guide ofrece archivos para las diferentes velocidades de conexión que puede seleccionar al transferir y reproducir un archivo de medios, como un video de música o el clip de una película. La velocidad de conexión a Internet que debe seleccionar depende del tipo de conexión que tenga. Si los problemas ocurren al transferir o reproducir un archivo de medios, intente seleccionar una velocidad de conexión más lenta.

Tipo de Conexión	Seleccione esta Velocidad
Modem	28k ó de 56k
Integrated Services Digital Network Line (ISDN)	100k
Cable Módem o Modem Digital Subscriber Line (DSL)	300k or 500k

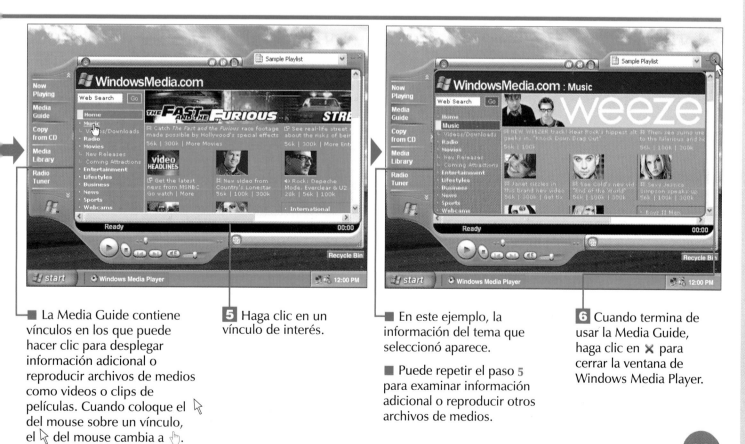

■ La Media Guide contiene vínculos en los que puede hacer clic para desplegar información adicional o reproducir archivos de medios como videos o clips de películas. Cuando coloque el ▷ del mouse sobre un vínculo, el ▷ del mouse cambia a ◖.

5 Haga clic en un vínculo de interés.

■ En este ejemplo, la información del tema que seleccionó aparece.

■ Puede repetir el paso **5** para examinar información adicional o reproducir otros archivos de medios.

6 Cuando termina de usar la Media Guide, haga clic en ✕ para cerrar la ventana de Windows Media Player.

Puede usar la Media Library (Biblioteca de medios) para organizar y trabajar con todos los archivos de medios de su computadora. Un archivo de medios puede ser un archivo de video o de sonido.

USAR LA BIBLIOTECA DE MEDIOS

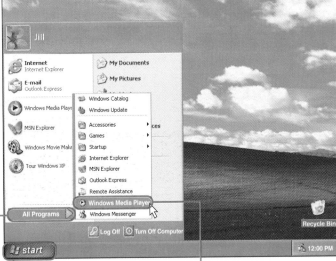

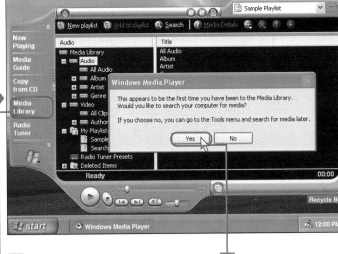

1 Haga clic en **start** para abrir el menú Start.

2 Haga clic en **All Programs** para ver la lista de los programas de su computadora.

3 Haga clic en **Windows Media Player**.

■ La ventana de Windows Media Player aparece.

4 Haga clic en la etiqueta **Media Library** tab.

■ La primera vez que visite la Biblioteca de Medios, aparece una ventana de diálogo, preguntando si desea buscar archivos de medios en su computadora.

5 Haga clic en **Yes** para buscar archivos de medios en su computadora.

Nota: Si la ventana de diálogo no aparece, pulse la tecla **F3** *para buscar archivos de medios en su computadora.*

SIMPLIFÍQUESE

¿Dónde puedo obtener archivos de medios?

Guía de medios

Puede usar la Guía de medios (Media Guide) que Windows provee para acceder a la última música, películas y videos de Internet. Para más información sobre Media Guide, refiérase a la página 82.

Internet

Muchos sitios Web de Internet ofrecen archivos de medios que puede transferir a su computadora y reproducir en ella. Puede encontrar archivos de medios en los siguientes sitios Web.
earthstation1.com
www.themez.co.uk

Tiendas de computación

Muchos tiendas de computación ofrecen colecciones de archivos de medios que se pueden comprar.

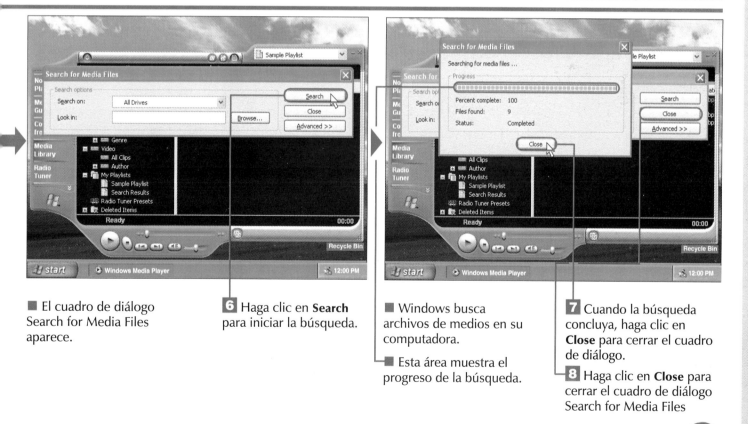

■ El cuadro de diálogo Search for Media Files aparece.

6 Haga clic en **Search** para iniciar la búsqueda.

■ Windows busca archivos de medios en su computadora.

■ Esta área muestra el progreso de la búsqueda.

7 Cuando la búsqueda concluya, haga clic en **Close** para cerrar el cuadro de diálogo.

8 Haga clic en **Close** para cerrar el cuadro de diálogo Search for Media Files

CONTINÚA ▶ **85**

USAR LA BIBLIOTECA DE MEDIOS

Puede reproducir los archivos de sonido y video que están listados en la Biblioteca de Medios.

USAR LA BIBLIOTECA DE MEDIOS (CONTINUACIÓN)

VER ARCHIVOS DE MEDIOS

■ La Biblioteca de Medios organiza sus archivos de medios en categorías.

■ Una categoría que exhibe un signo de más (⊞) contiene ítemes ocultos.

■ Para abrir los ítemes ocultos de una categoría, haga clic en el signo de más (⊞) al lado de la categoría (⊞ cambia a ⊟).

Nota: Para ocultar de nuevo los ítemes de una categoría, haga clic en el signo de menos (⊟) al lado de la categoría.

1 Haga clic en la categoría que contiene los archivos de medios de interés.

■ Esta área exhibe los archivos de medios en la categoría seleccionada.

2 Haga clic en la categoría que contiene los archivos de medios de interés.

■ Esta área exhibe los archivos de medios en la categoría seleccionada.

¿Cómo organiza la Biblioteca de Medios, mis archivos de sonido y video?

La Biblioteca de Medios organiza sus archivos de sonido y de video en las siguientes categorías.

AUDIO	
All Audio	Lista de todos sus archivos de sonido.
Album	Lista archivos de sonido por álbum.
Artist	Lista archivos de sonido por artista.
Genre	Lista archivos de sonido por género, como Jazz o Rock.

VIDEO	
All Clips	Lista todos sus archivos de video.
Author	Lista archivos de video por autor.

■ Si seleccionó un archivo de video, el video aparece en la etiqueta **Now Playing**.

■ Este dispositivo deslizante (🔘) indica el progreso del archivo de video o de sonido.

3 Para ajustar el volumen, arrastra este dispositivo deslizante (🔘) a la izquierda o derecha para disminuir o aumentar el volumen.

4 Para detener la reproducción del archivo de sonido o video, haga clic en 🔘.

■ Para regresar a su lista de archivos de medios, haga clic en la etiqueta **Media Library**.

5 Cuando termine de trabajar con sus archivos de medios, haga clic en ✖ para cerrar la ventana de Windows Media Player

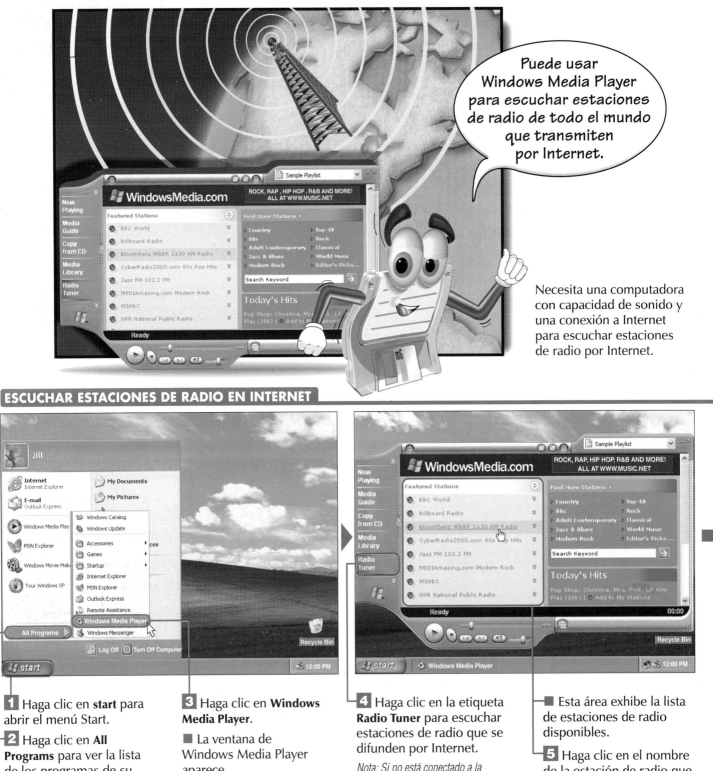

Puede usar Windows Media Player para escuchar estaciones de radio de todo el mundo que transmiten por Internet.

Necesita una computadora con capacidad de sonido y una conexión a Internet para escuchar estaciones de radio por Internet.

ESCUCHAR ESTACIONES DE RADIO EN INTERNET

1 Haga clic en **start** para abrir el menú Start.

2 Haga clic en **All Programs** para ver la lista de los programas de su computadora.

3 Haga clic en **Windows Media Player**.

■ La ventana de Windows Media Player aparece.

4 Haga clic en la etiqueta **Radio Tuner** para escuchar estaciones de radio que se difunden por Internet.

Nota: Si no está conectado a la Internet actualmente, aparece un mensaje señalando que necesita estar conectado.

■ Esta área exhibe la lista de estaciones de radio disponibles.

5 Haga clic en el nombre de la estación de radio que desea reproducir.

¿Cómo reproduce Windows las estaciones de radio que se transmiten por Internet?

Antes de que Windows reproduzca una estación de radio, la información se transfiere parcialmente y se almacena temporalmente en una sección de memoria de su computadora, llamada "buffer". Mientras la estación de radio se reproduce, la información continuamente se transfiere de la Internet y es almacenada temporalmente en el búfer. El búfer minimiza las interrupciones de la emisión que se reproduce en su computadora. Las interrupciones se deben a las interferencias en la información o a la desaceleración de la información que se traslada a su computadora.

■ La información sobre la estación de radio que seleccionó aparece.

6 Haga clic en **Play** para reproducir la estación de radio.

Nota: Si la opción Play no está disponible, vea la parte superior de la página 91.

■ Después de un momento, la estación de radio comienza a reproducirse.

■ La ventana de Internet Explorer se abre detrás de Windows Media Player, exhibiendo la página Web de la estación de radio. Para ver la página Web, haga clic en el botón de la ventana de la barra de tareas.

7 Para ajustar el volumen, arrastre el dispositivo deslizante ( ) a la izquierda o la derecha, para disminuir o aumentar el volumen.

8 Para detener la reproducción de la estación de radio en un momento dado, haga clic en .

CONTINÚA

Puede buscar estaciones de radio que se difunden por Internet.

ESCUCHAR ESTACIONES DE RADIO POR INTERNET (CONTINUACIÓN)

BUSCAR ESTACIONES DE RADIO

■ Esta área muestra categorías de estaciones de radio entre las que puede buscar.

1 Para buscar estaciones de radio de una categoría específica, haga clic en la categoría de interés.

■ Aparece una lista de estaciones de radio según la categoría seleccionada.

■ Si la estación de radio que desea oír no aparece en la lista, puede hacer clic en esta área y digitar una palabra o frase que describa la estación de radio que desea buscar. Luego presione la tecla Enter.

2 Haga clic en el nombre de la estación de radio de la lista que desea reproducir.

¿Cómo escucho una estación de radio si la opción Play no está disponible?

Si la opción Play no aparece cuando hace clic en el nombre de una estación de radio, no puede escuchar la estación de radio en Windows Media Player. Para escuchar la estación de radio usando su navegador de Internet, haga clic en la opción **Visit Website to Play**. Una ventana de un navegador de Web se abre, exhibiendo la página Web de la estación de radio y esta última empieza a reproducirse. Algunas estaciones de radio pueden requerir información adicional antes de permitirle escuchar la estación en su navegador de Internet.

■ La información de la estación de radio que seleccionó aparece.

3 Haga clic en **Play** para reproducir la estación de radio.

Nota: Si la opción Play no está disponible, vea la parte superior de esta página.

■ Después de un momento, la estación de radio comienza a reproducirse.

■ La ventana de Internet Explorer se abre detrás de Windows Media Player, exhibiendo la página Web de la estación. Para ver la página Web, haga clic en el botón de la ventana en la barra de tareas.

4 Cuando termine de escuchar estaciones de radio, haga clic en ✖ para cerrar la ventana de Windows Media Player.

> Puede copiar canciones de un CD musical a su computadora.

Copiar canciones de un CD musical le permite reproducir las canciones en cualquier momento, sin tener que introducir el CD en su computadora. Copiar canciones de un CD musical también le permite copiar más tarde las canciones a un CD grabable o a un dispositivo portátil. Su unidad de CD ROM y sus parlantes determinan si puede oír un CD musical mientras copia canciones de un CD.

COPIAR CANCIONES DE UN CD MUSICAL

1 Inserte el CD musical que contiene las canciones que desea copiar a su unidad de CD ROM.

■ El cuadro de diálogo Audio CD aparece, preguntándole qué desea que Windows haga.

2 Haga clic en esta opción para reproducir el CD musical.

3 Haga clic en **OK**.

■ La ventana Windows Media Player aparece y el CD empieza a reproducirse.

4 Haga clic en la etiqueta **Copy from CD**.

■ Esta área muestra información sobre cada canción del CD. Windows Media Player copiará a su computadora cada canción que exhiba una marca de verificación (✔).

5 Para agregar (☑) o eliminar (☐) las marcas de verificación, haga clic en el cuadro (☐) ubicado al lado de cada canción.

6 Haga clic en **Copy Music** para empezar a copiar a su computadora las canciones seleccionadas.

¿Cómo puedo reproducir una canción que haya copiado de un CD musical?

Windows ofrece dos formas en que puede reproducir una canción copiada de un CD musical.

Usar la carpeta My Music

Las canciones que copia de un CD musical se almacenan en la carpeta My Music, de su computadora. La carpeta My Music contiene una subcarpeta para cada artista cuyas canciones haya copiado a su computadora. Para abrir la carpeta My Music, refiérase a la página 23. Puede hacer doble clic en una canción de la carpeta para reproducirla.

Usar Windows Media Player

Las canciones que copia de un CD musical están listadas en la Biblioteca de Medios de Windows Media Player. Para reproducir una canción de la Biblioteca de Medios, refiérase a la página 84.

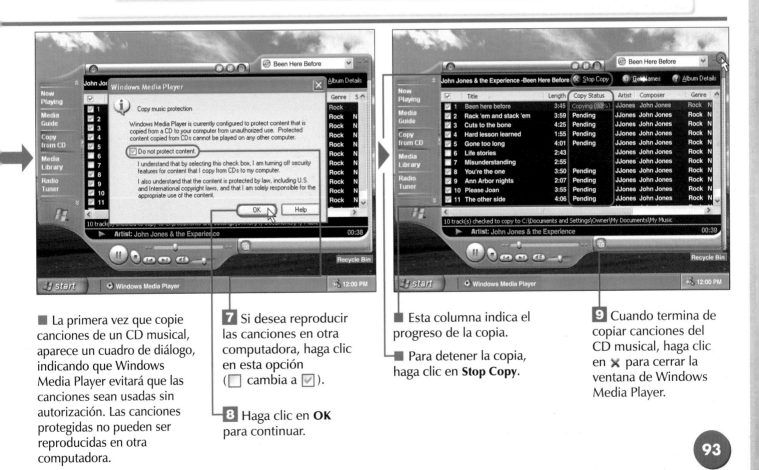

■ La primera vez que copie canciones de un CD musical, aparece un cuadro de diálogo, indicando que Windows Media Player evitará que las canciones sean usadas sin autorización. Las canciones protegidas no pueden ser reproducidas en otra computadora.

7 Si desea reproducir las canciones en otra computadora, haga clic en esta opción (☐ cambia a ☑).

8 Haga clic en **OK** para continuar.

■ Esta columna indica el progreso de la copia.

■ Para detener la copia, haga clic en **Stop Copy**.

9 Cuando termina de copiar canciones del CD musical, haga clic en ✖ para cerrar la ventana de Windows Media Player.

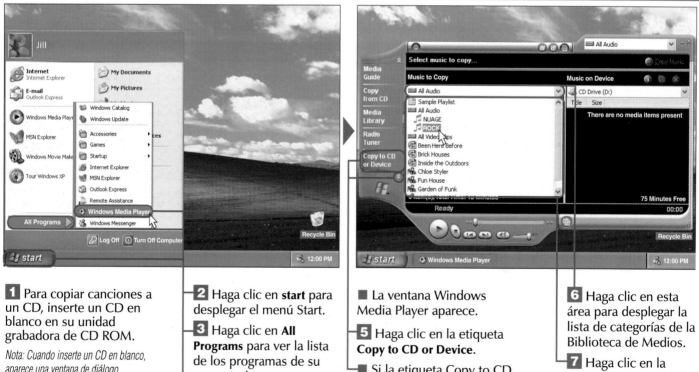

Puede usar Windows Media Player para copiar canciones de su computadora a un CD o a un dispositivo portátil como un reproductor de MP3.

Al usar Windows Media Player para copiar canciones, solo puede copiar aquellas que aparezcan en la Biblioteca de Medios. Para información sobre usar la Biblioteca de Medios, refiérase a la página 84. Para agregar canciones a la Biblioteca de Medios de un CD musical, refiérase a la página 92.

No debe realizar otras tareas en su computadora mientras copia canciones a un CD pues Windows Media Player puede dejar de operar.

COPIAR CANCIONES A UN CD O A UN DISPOSITIVO PORTÁTIL

1 Para copiar canciones a un CD, inserte un CD en blanco en su unidad grabadora de CD ROM.

*Nota: Cuando inserte un CD en blanco, aparece una ventana de diálogo preguntándole lo que desea que Windows haga. Haga clic en **Cancel** para cerrar el cuadro de diálogo.*

2 Haga clic en **start** para desplegar el menú Start.

3 Haga clic en **All Programs** para ver la lista de los programas de su computadora.

4 Haga clic en **Windows Media Player**.

■ La ventana Windows Media Player aparece.

5 Haga clic en la etiqueta **Copy to CD or Device**.

■ Si la etiqueta Copy to CD or Device no aparece, haga clic en esta flecha (⩔) hasta que la etiqueta aparezca.

6 Haga clic en esta área para desplegar la lista de categorías de la Biblioteca de Medios.

7 Haga clic en la categoría que contiene las canciones que desea copiar.

¿Qué hardware necesito para copiar canciones a un CD?

Necesita una unidad de CD grabable para copiar canciones a un CD.

Unidad CD-R

Una unidad CD-R (Compact Disc-Recordable) le permite grabar información permanentemente en discos CD-R. No se puede eliminar la información de este tipo de discos.

Unidad CD-RW

Una unidad CD-RW (Compact Disc-Re Writable) le permite grabar información en discos CD-R o CD-RW. Puede eliminar el contenido de un disco CD-RW para copiar información nueva en él. Para borrar el contenido de un disco CD-RW, refiérase a la página 73.

 **¿Puedo copiar canciones a un CD en momentos diferentes?**

Si usa Windows Media Player, solo puede copiar canciones a un CD una vez. Ya que debe copiar todas las canciones a un CD al mismo tiempo, asegúrese de seleccionar cuidadosamente todas las canciones que desea copiar.

■ Esta área muestra las canciones de la categoría seleccionada. Windows Media Player copiará cada canción que muestre una marca de verificación (✔).

8 Para agregar (☑) o eliminar (☐) una marca de verificación, haga clic en el cuadro (☐) al lado de la canción.

■ Esta área exhibe el dispositivo al que copiará las canciones. Puede hacer clic en esta área para seleccionar un dispositivo diferente.

9 Haga clic en **Copy Music** para empezar a copiar.

■ Esta columna indica el progreso de la copia.

■ Para cancelar la copia en cualquier momento, haga clic en **Cancel**.

■ Cuando la copia concluya, esta área muestra todas las canciones que copió al dispositivo.

Nota: Cuando copia canciones a un CD, Windows automáticamente expulsa el disco de la unidad de CD grabable cuando el copiado concluye.

10 Haga clic en ✖ para cerrar la ventana Windows Media Player.

CAPÍTULO 5

CREAR PELÍCULAS

Lea este capítulo para descubrir cómo usar el programa Windows Movie Maker. Aprenderá a grabar, reproducir y editar sus propias películas.

Puede usar Windows Movie Maker para transferir sus películas caseras a su computadora. Luego puede organizar y editar las películas, antes de compartirlas con amigos y familiares.

Antes de usar Windows Movie Maker, necesita conectar e instalar el equipo requerido para transferir sus películas caseras a su computadora.

Fuente de video

Puede transferir películas de una cámara de video a su computadora. También puede transferir a su computadora películas de una cámara Web, de un reproductor de videocasete o DVD o de una transmisión de televisión.

Cables

Necesitará uno o más cables para conectar la cámara de video u otra fuente de video a su computadora. La fuente del video o la tarjeta que usa para conectar la fuente del video a su computadora puede incluir los cables que necesita. Si no tiene los cables requeridos, puede comprarlos en una tienda de computación.

El adaptador

Necesita un tipo específico de adaptador para poder conectar una cámara de video u otra fuente de video a su computadora. Si su computadora no tiene el tipo apropiado de adaptador, puede comprarlo en una tienda de computación.

Fuente de video	Tipo de adaptador comúnmente requerido
Cámara analógica de video	Tarjeta de captura de video
Cámara digital de video	Puerto o tarjeta "Fire Wire"
DVD	Tarjeta de sintonizador de TV
Television Broadcast	TV Tuner Card
VCR	TV Tuner Card
Web Camera	Puerto o Tarjeta USB

Requisitos mínimos de la computadora

Su computadora debe tener los siguientes requisitos mínimos para que Windows Movie Maker pueda operar correctamente.

➤ 300 MHz Pentium II o equivalente

➤ 64 MB de RAM

➤ 2 GB de espacio libre en el disco duro

➤ Capacidades de sonido

Puede iniciar Windows Movie Maker para crear y trabajar con películas en su computadora.

INICIAR WINDOWS MOVIE MAKER

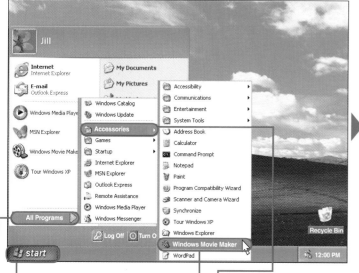

1 Haga clic en **start** para desplegar el menú Start.

2 Haga clic en **All Programs** para ver la lista de los programas de su computadora.

3 Haga clic en **Accessories**.

4 Haga clic en **Windows Movie Maker**.

■ La ventana Windows Movie Maker aparece.

■ Ahora puede grabar en su computadora video desde su cámara o de otra fuente de video. Para grabar video a su computadora, refiérase a la página 100.

Puede grabar video de su cámara de video o de otra fuente de video a su computadora.

Antes de empezar a grabar el video, asegúrese de que su cámara o la fuente de video elegida está conectada a su computadora y encendida. También asegúrese de que la cinta u otro medio está donde desea empezar a grabar.

GRABAR UN VIDEO

1 Haga clic en **Record** para grabar un video en su computadora.

*Nota: Un cuadro de diálogo aparece si su computadora no puede proporcionar un desempeño aceptable al grabar desde un dispositivo de alta velocidad como una cámara de video digital. Haga clic en **Yes** para grabar video usando el dispositivo.*

■ La ventana de diálogo Record aparece.

2 Haga clic en esta área para abrir la lista de las configuraciones disponibles de calidad que puede usar para grabar el video.

3 Haga clic en la configuración de calidad que desea usar.

Nota: Para información sobre seleccionar una configuración de calidad, refiérase a la parte superior de la página 101.

¿Por qué no puedo grabar video desde mi cámara de video?

Al grabar video desde una cámara de video, asegúrese de que su cámara está en modo Playback y no Standby. No puede grabar video cuando su cámara de video está en modo Standby.

¿Qué debo considerar cuando selecciono una configuración de calidad para grabar mi video?

Una configuración de calidad superior produce un video de más alta calidad, pero provoca que el archivo sea de mayor tamaño. Los videos de gran tamaño emplean más espacio en su computadora y tardan más tiempo en transferirse por Internet. Es posible que algunas computadoras no puedan reproducir apropiadamente un video de mayor calidad.

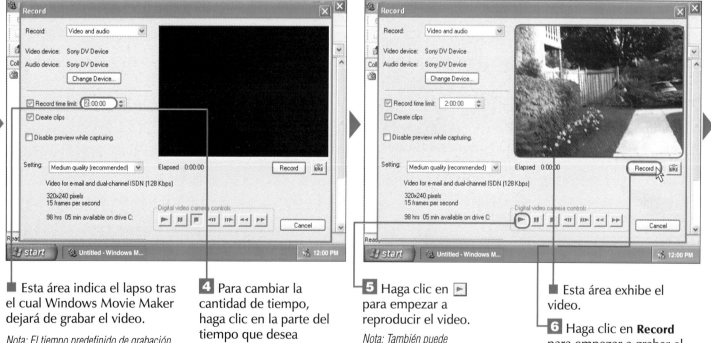

■ Esta área indica el lapso tras el cual Windows Movie Maker dejará de grabar el video.

Nota: El tiempo predefinido de grabación es de dos horas. El tiempo puede ser menor, dependiendo del espacio libre en su disco duro y de la configuración de calidad seleccionada en el paso 3.

4 Para cambiar la cantidad de tiempo, haga clic en la parte del tiempo que desea cambiar y luego digite un número nuevo.

5 Haga clic en ▶ para empezar a reproducir el video.

Nota: También puede presionar el botón de Play de su cámara de video o de otra fuente de video para empezar la reproducción.

■ Esta área exhibe el video.

6 Haga clic en **Record** para empezar a grabar el video en su computadora.

CONTINÚA ▶

Windows automáticamente almacena cada video que graba en la carpeta My Videos.

Windows crea la carpeta My Videos la primera vez que utiliza Windows Movie Maker. La carpeta My Videos se guarda dentro de la carpeta My Documents.

GRABAR UN VIDEO (CONTINUACIÓN)

■ Cuando está grabando, la palabra **Recording** parpadea en esta área.

■ Esta área exhibe el tiempo que ha pasado desde que empezó a grabar el video.

7 Haga clic en **Stop** cuando desee dejar de grabar el video.

Nota: Es posible que deba pulsar el botón de detenido, en su cámara o la otra fuente de video para detener el video.

■ El cuadro de diálogo Save Windows Media File aparece.

8 Digite un nombre para su video.

■ Esta área muestra la posición donde Windows Movie Maker almacenará su video. Puede hacer clic en esta área para cambiar la localización.

9 Haga clic en **Save** para guardar el video.

SIMPLIFÍQUESE

¿Cómo organiza Windows Movie Maker los
videos que yo grabo?

Colecciones

Cada vez que graba un video,
Windows Movie Maker crea
una colección para almacenar
todos los clips del video. Cada
colección aparece como
una carpeta (📷) en
la ventana Windows
Movie Maker.

Clips

Windows Movie Maker
automáticamente separa un
video en segmentos más
pequeños y manejables,
llamados clips. Un clip se
crea cada vez que Windows
detecta una secuencia
diferente en un video, como
cuando enciende su cámara
de video o cuando pulsa el
botón de pausa para empezar
una grabación de nuevo.

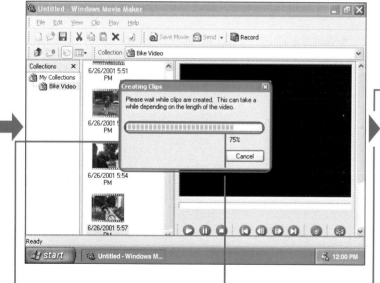

■ El cuadro de diálogo
Creating Clips aparece
mientras Windows Movie
Maker crea los clips de su
video. Para información sobre
clips, refiérase a la parte
superior de esta página.

■ Esta área muestra el
progreso de la creación
de los clips.

■ Cuando Windows Movie
Maker ha terminado de crear
los clips de su video, esta
área exhibe una carpeta que
almacena la colección de
clips. El nombre de la
colección es el nombre que
especificó en el paso **8**.

■ Esta área muestra los
clips de video dentro de
la colección. Para
ayudarle a identificar los
clips de video, Windows
Movie Maker despliega
el primer cuadro de
cada clip.

Puede reproducir cada clip de video que haya registrado en su computadora.

Reproducir clips de video puede ayudarle a determinar cuáles clips desea incluir en la película.

REPRODUCIR UN CLIP DE VIDEO

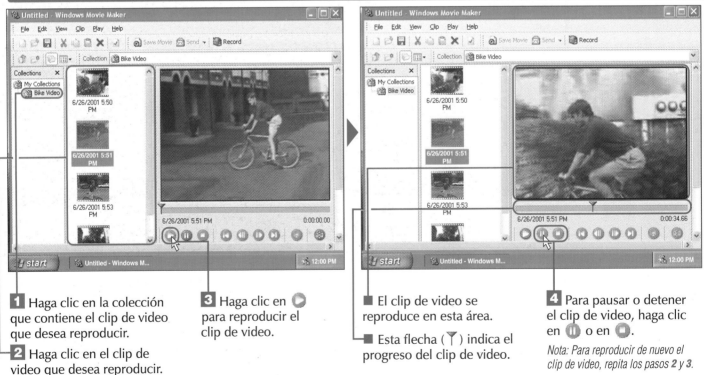

1 Haga clic en la colección que contiene el clip de video que desea reproducir.

2 Haga clic en el clip de video que desea reproducir.

3 Haga clic en ⏵ para reproducir el clip de video.

■ El clip de video se reproduce en esta área.

■ Esta flecha (▽) indica el progreso del clip de video.

4 Para pausar o detener el clip de video, haga clic en ⏸ o en ⏹.

Nota: Para reproducir de nuevo el clip de video, repita los pasos 2 y 3.

Debe agregar al guión cada clip de video que desee incluir en su película.

El guión exhibe el orden en el cual los clips de video se reproducirán en la película.

AGREGAR UN CLIP DE VIDEO AL GUIÓN

1 Haga clic en la colección que contenga el clip de video que desee agregar al guión.

2 Haga clic en el clip de video que desee agregar.

3 Haga clic en **Clip**.

4 Haga clic en **Add To Storyboard/Timeline**.

◾ El clip de video aparece en el guión.

◾ Puede repetir los pasos del **1** al **4** para cada clip de video que desee agregar al guión.

ELIMINAR UN CLIP DE VIDEO

1 Haga clic en el clip de video del guión que desea eliminar. Luego, presione la tecla [Delete].

Nota: Suprimir un clip de video del guión no lo quitará de Windows Movie Maker.

REACOMODAR UN CLIP DE VIDEO DEL GUIÓN

> Puede cambiar el orden de los clips de video del guión para alterar el orden en que estos se reproducen en su película.

REACOMODAR UN CLIP DE VIDEO DEL GUIÓN

1 Coloque el mouse ⌖ sobre el clip de video del guión que desea mover a una localización diferente.

2 Arrastre el clip de video a una posición nueva del guión. Una barra vertical indica dónde aparecerá el clip de video.

■ El clip de video aparece en la posición nueva.

■ Los clips de video circundantes se mueven automáticamente para hacer espacio para el clip de video.

> Puede guardar un proyecto de manera que pueda revisarlo más tarde y hacerle cambios.

Un proyecto es el bosquejo de una película y contiene todos los clips de video que agregó al guión.

Regularmente, debe guardar los cambios que hace en un proyecto para evitar perder su trabajo.

GUARDAR UN PROYECTO

1 Haga clic en 🖫 para guardar su proyecto.

■ El cuadro de diálogo Save Project aparece.

Note : Si previamente guardó su proyecto, el cuadro de diálogo Save Project no aparecerá puesto que ya le había puesto nombre al proyecto.

2 Digite un nombre para su proyecto.

■ Esta área muestra la posición en que Windows Movie Maker almacenará su proyecto. Puede hacer clic en esta área para cambiar la posición.

3 Haga clic en **Save** para guardar su proyecto.

Puede abrir un proyecto guardado para desplegar los clips de video dentro de él. Abrir un proyecto le permite revisarlo y hacerle cambios.

Un proyecto es el borrador de la película, este contiene todos los video clips que agregó al guión. Puede trabajar con solo un proyecto a la vez.

Si está trabajando actualmente con un proyecto, asegúrese de guardar el proyecto antes de abrir otro. Para guardar un proyecto, refiérase a la página 107.

ABRIR UN PROYECTO

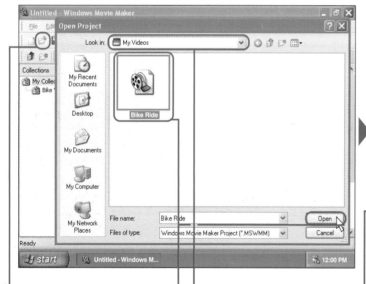

1 Haga clic en 🖅 para abrir un proyecto.

■ El cuadro de diálogo Open Project aparece.

■ Esta área muestra la localización de los proyectos desplegados. Puede hacer clic en esta área para cambiar la localización.

2 Haga clic en el nombre del proyecto que desea abrir.

3 Haga clic en **Open** para abrir el proyecto.

■ El proyecto se abre y los clips de video del proyecto aparecen en el guión. Ahora puede revisar y hacer cambios en el proyecto.

Puede observar, como películas, la vista preliminar de todos los clips de video que haya agregado al guión.

VISTA PRELIMINAR DE UNA PELÍCULA

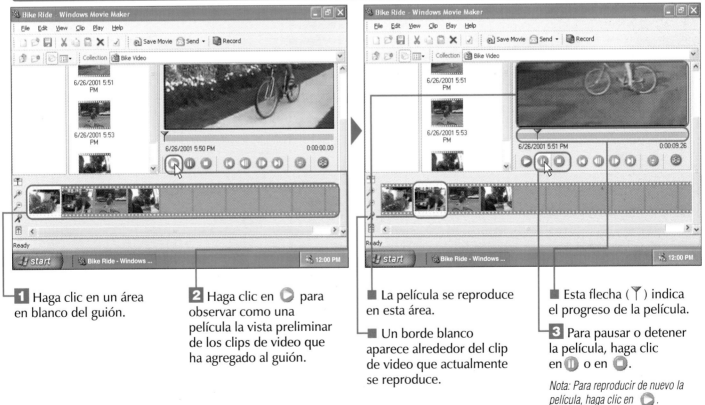

1 Haga clic en un área en blanco del guión.

2 Haga clic en ▶ para observar como una película la vista preliminar de los clips de video que ha agregado al guión.

■ La película se reproduce en esta área.

■ Un borde blanco aparece alrededor del clip de video que actualmente se reproduce.

■ Esta flecha (▽) indica el progreso de la película.

3 Para pausar o detener la película, haga clic en ❚❚ o en ■.

Nota: Para reproducir de nuevo la película, haga clic en ▶.

109

GUARDAR UNA PELÍCULA

Después de agregar al guión todos los clips de video que desee incluir en la película, puede guardar esta en su computadora.

Guardar una película le permite reproducir la película en cualquier momento y compartir esta con amigos y familiares.

GUARDAR UNA PELÍCULA

1 Haga clic en **Save Movie** para guardar en el guión los clips de video como una película.

■ El cuadro de diálogo Save Movie aparece

2 Haga clic en esta área para desplegar la lista de las configuraciones de calidad que puede usar para la película.

3 Haga clic en la configuración de calidad que desea usar.

Nota: La configuración de alta calidad produce tamaños mayores de archivo. Asegúrese de no seleccionar una configuración de mayor calidad que la usada para grabar su video.

¿Cómo puedo compartir una película con amigos y familiares?

Publicar una película en Internet

Puede publicar una película en Internet para permitirle a las personas ver la película. Para publicar una película en Internet, refiérase a la página 54.

Enviar una película por correo electrónico

Puede enviar una película por correo electrónico. Debe tratar de mantener sus películas en menos de 2 MB (2,000 KB) pues la mayoría de las compañías que proveen cuentas de correo electrónico delimitan el tamaño de los mensajes que puede enviar y recibir por Internet. Para enviar una película por correo electrónico, refiérase a la página 52.

Copiar una película a un CD

Si tiene una unidad grabable de CD, puede copiar una película de su computadora a un CD. Luego puede compartir el CD con otras personas. Para copiar una película a un CD, refiérase a la página 70.

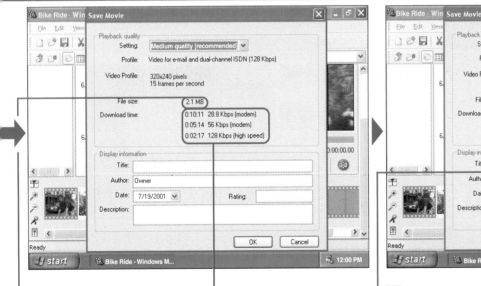

■ Esta área muestra el tamaño del archivo de la película.

■ Esta área muestra la cantidad estimada de tiempo que la película tardará en transferirse por Internet usando tres tipos diferentes de conexiones.

4 Haga clic en esta área y digite un título para la película.

Nota: Las personas que ven su película en Windows Media Player podrán ver el título que introduzca.

5 Haga clic en **OK** para continuar.

CONTINÚA

GUARDAR UNA PELÍCULA

Después de que guarde una película en la computadora, puede verla en Windows Media Player.

Windows Media Player

GUARDAR UNA PELÍCULA (CONTINUACIÓN)

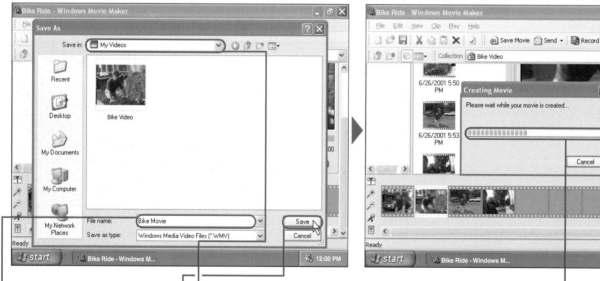

■ El cuadro de diálogo Save As aparece.

6 Digite un nombre para la película.

■ Esta área muestra la posición donde Windows Movie Maker almacenará la película. Puede hacer clic en esta área para cambiar la posición.

7 Haga clic en **Save** para guardar la película.

■ El cuadro de diálogo Creating Movie aparece mientras Windows Movie Maker crea su película.

■ Esta área muestra el progreso de la creación de la película.

¿Cómo puedo reproducir luego una película que haya guardado?

Windows automáticamente almacena sus películas en My Videos (una subcarpeta dentro de la carpeta My Documents. Puede hacer doble clic en una película de My Videos para reproducirla. Para ver el contenido de la carpeta My Documents, refiérase a la página 22.

¿Puedo hacer cambios en una película que haya guardado?

No. Usted no puede hacer cambios en una película que haya sido guardada. Windows Movie Maker solo le permite hacer cambios en un proyecto, es decir, en el borrador de una película. Para abrir un proyecto, refiérase a la página 108.

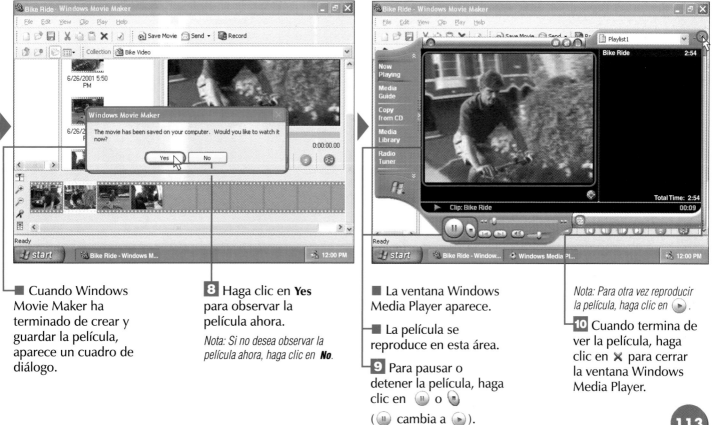

■ Cuando Windows Movie Maker ha terminado de crear y guardar la película, aparece un cuadro de diálogo.

8 Haga clic en **Yes** para observar la película ahora.

*Nota: Si no desea observar la película ahora, haga clic en **No**.*

■ La ventana Windows Media Player aparece.

■ La película se reproduce en esta área.

9 Para pausar o detener la película, haga clic en 🔘 o 🔘 (🔘 cambia a ▶).

Nota: Para otra vez reproducir la película, haga clic en ▶.

10 Cuando termina de ver la película, haga clic en ✕ para cerrar la ventana Windows Media Player.

113

CAPÍTULO 6

COMPARTIR SU COMPUTADORA

Si comparte su computadora con una o más personas, puede crear cuentas de usuario de manera que cada uno pueda usar sus propias configuraciones y archivos personalizados. En este capítulo, aprenderá a crear cuentas de usuario y a trabajar con ellas.

CREAR UNA CUENTA DE USUARIO

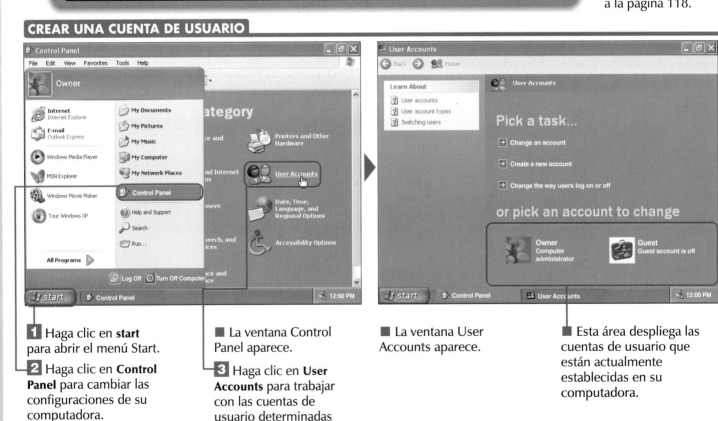

Si comparte su computadora con otras personas, puede crear para cada persona una cuenta personalizada de usuario.

Debe tener una cuenta de administrador de la computadora para crear una cuenta de usuario. Para información sobre tipos de cuentas, refiérase a la página 118.

CREAR UNA CUENTA DE USUARIO

1 Haga clic en **start** para abrir el menú Start.

2 Haga clic en **Control Panel** para cambiar las configuraciones de su computadora.

■ La ventana Control Panel aparece.

3 Haga clic en **User Accounts** para trabajar con las cuentas de usuario determinadas en su computadora.

■ La ventana User Accounts aparece.

■ Esta área despliega las cuentas de usuario que están actualmente establecidas en su computadora.

Windows mantendrá separados mis archivos personales de los de otros usuarios?

Sí. Windows mantendrá separados sus archivos personales de los archivos personales creados por otros usuarios. Por ejemplo, su carpeta My Documents muestra solo los archivos que usted ha creado. Internet Explorer también conserva sus listas de páginas Web recientemente visitadas y las páginas Web favoritas se separan de las listas de otros usuarios.

¿Cómo puedo personalizar Windows para mi cuenta de usuario?

Puede personalizar la apariencia de Windows para su cuenta de usuario cambiando el protector de pantalla, el fondo del escritorio y muchas otras configuraciones de la computadora.

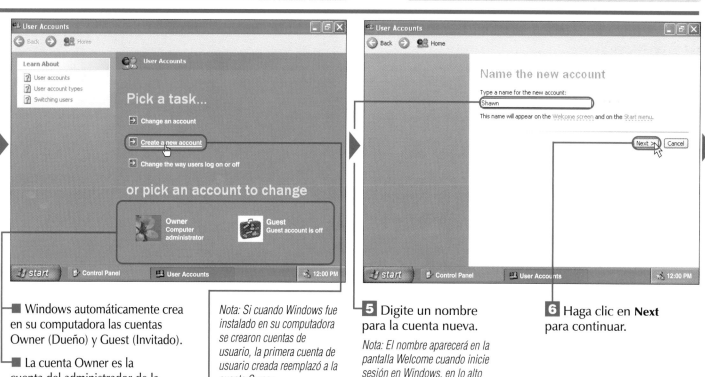

■ Windows automáticamente crea en su computadora las cuentas Owner (Dueño) y Guest (Invitado).

■ La cuenta Owner es la cuenta del administrador de la computadora. La cuenta Guest da a las personas sin cuenta de usuario permiso de usar la computadora.

Nota: Si cuando Windows fue instalado en su computadora se crearon cuentas de usuario, la primera cuenta de usuario creada reemplazó a la cuenta Owner.

4 Haga clic en **Create a new account**.

5 Digite un nombre para la cuenta nueva.

Nota: El nombre aparecerá en la pantalla Welcome cuando inicie sesión en Windows, en lo alto del menú Start.

6 Haga clic en **Next** para continuar.

CONTINÚA ▶

CREAR UNA CUENTA DE USUARIO

Cuando crea una cuenta de usuario, debe seleccionar el tipo de cuenta que desea crear.

Administrador de la computadora

El usuario puede realizar cualquier tarea en la computadora. Por ejemplo, el usuario puede crear y cambiar todas las cuentas de usuario, así como instalar programas y hardware.

Limitada

El usuario puede realizar solo ciertas tareas en la computadora. Por ejemplo, puede crear y cambiar su contraseña y algunas configuraciones de la computadora pero no puede suprimir archivos importantes.

CREAR UNA CUENTA DE USUARIO (CONTINUACIÓN)

7 Haga clic en el tipo de cuenta que desea crear (○ cambia a ◉).

■ Esta área muestra una descripción del tipo de cuenta que seleccionó.

8 Haga clic en **Create Account**.

■ Esta área despliega la cuenta que creó.

9 Haga clic en ✕ para cerrar la ventana User Accounts.

118

Si una persona ya no usa su computadora, puede eliminar de esta su cuenta de usuario.

Debe tener una cuenta de administrador de la computadora para suprimir una cuenta de usuario. Para información sobre tipos de cuentas, refiérase a la página 116.

ELIMINAR UNA CUENTA DE USUARIO

1 Haga clic en **start** para abrir el menú Start.

2 Haga clic en **Control Panel** para cambiar las configuraciones de su computadora.

■ La ventana Control Panel aparece.

3 Haga clic en **User Accounts** para trabajar con las cuentas de usuario que están instaladas en su computadora.

CONTINÚA

Cuando elimine una cuenta de usuario, puede elegir conservar o suprimir los archivos individuales del usuario.

Si escoge eliminar los archivos individuales de un usuario, Windows permanentemente suprimirá los archivos de su computadora.

ELIMINAR UNA CUENTA DE USUARIO (CONTINUACIÓN)

■ La ventana User Accounts aparece.

■ Esta área exhibe las cuentas que están establecidas en su computadora.

4 Haga clic en la cuenta que desea suprimir.

Nota: No puede eliminar la cuenta Guest, que permite a una persona sin cuenta de usuario usar su computadora.

■ Aparece la lista de tareas que puede realizar para cambiar la cuenta del usuario.

5 Haga clic en **Delete the account**.

¿Si escojo guardar los archivos personales de una cuenta de usuario eliminada, cuáles archivos guardará Windows?

Windows guardará los archivos personales de usuario que aparecen en el escritorio y los almacenados en la carpeta My Documents. Los archivos serán guardados en su escritorio, en una carpeta nueva que tiene el mismo nombre que la cuenta eliminada. Windows no guardará los mensajes de correo electrónico del usuario, la lista de las páginas Web favoritas y otras configuraciones de la computadora.

¿Puedo eliminar la cuenta de administrador de la computadora?

Sí. Si tiene una cuenta de administrador de la computadora, puede eliminar otras cuentas de administrador. Windows no le permitirá eliminar la última cuenta de administrador de la computadora. Esto le asegura que en su computadora siempre existirá una cuenta de administrador.

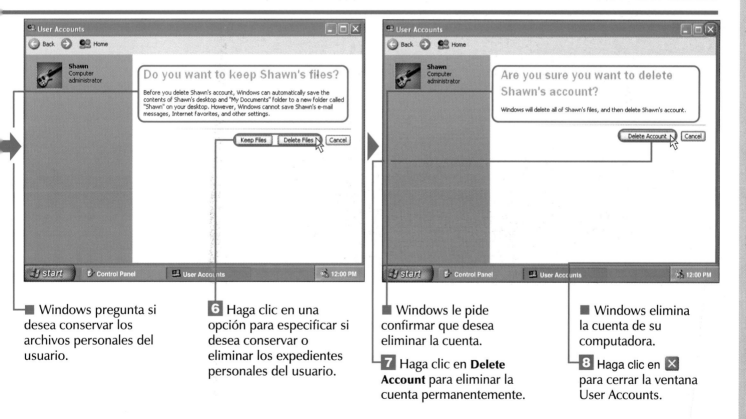

■ Windows pregunta si desea conservar los archivos personales del usuario.

6 Haga clic en una opción para especificar si desea conservar o eliminar los expedientes personales del usuario.

■ Windows le pide confirmar que desea eliminar la cuenta.

7 Haga clic en **Delete Account** para eliminar la cuenta permanentemente.

■ Windows elimina la cuenta de su computadora.

8 Haga clic en ⊠ para cerrar la ventana User Accounts.

> Puede asignar una contraseña a su cuenta de usuario para evitar que otras personas accedan a la cuenta. Necesita introducir la contraseña cada vez que desee usar Windows.

Debe escoger una contraseña que sea de al menos siete caracteres y que contenga una combinación aleatoria de letras, números y símbolos. No use palabras que las personas puedan asociar fácilmente con usted, como su nombre.

Si tiene una cuenta de administrador de la computadora, puede asignar las contraseñas a todas las cuentas. Si tiene una cuenta limitada, solo puede asignar una contraseña a su cuenta. Para información sobre los tipos de cuentas, vea la página 118.

ASIGNAR UNA CONTRASEÑA A UNA CUENTA DE USUARIO

1 Haga clic en **start** para abrir el menú Start.

2 Haga clic en **Control Panel** para cambiar la configuración de su computadora.

■ La ventana Control Panel aparece.

3 Haga clic en **User Accounts** para trabajar con las cuentas de usuario instaladas en su computadora.

■ La ventana User Accounts aparece.

■ Si tiene una cuenta limitada, salte al paso **5**.

■ Si tiene una cuenta de administrador de la computadora, esta área muestra las cuentas instaladas en su computadora.

4 Haga clic en la cuenta a la que le desea asignar una contraseña.

¿Cuando asigno una contraseña a mi cuenta de usuario, por qué Windows pregunta si deseo que mis carpetas y mis archivos sean privados?

Si no desea que otras personas tengan acceso a sus archivos y sus carpetas, puede hacer que sus archivos y sus carpetas sean privados. Haga clic en **Yes**, **Make Private** o **No** para especificar si desea que sus archivos y sus carpetas sean privados. Para más información sobre hacer privados sus archivos y sus carpetas, refiérase a la página 128.

¿Cómo puedo cambiar la contraseña asignada a mi cuenta de usuario?

Para cambiar su contraseña, realice los pasos del **1** al **5**, pero haga clic en **Change my password** en el paso **5**. Luego digite su contraseña actual y realice los pasos del **6** al **9** pero haga clic en **Change Password** en el paso **9**.

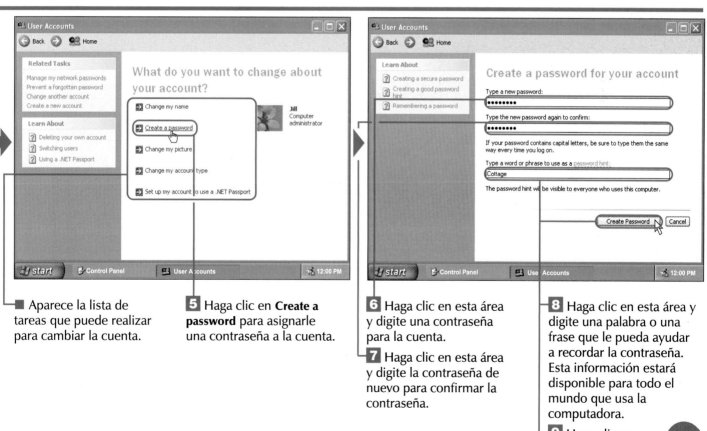

■ Aparece la lista de tareas que puede realizar para cambiar la cuenta.

5 Haga clic en **Create a password** para asignarle una contraseña a la cuenta.

6 Haga clic en esta área y digite una contraseña para la cuenta.

7 Haga clic en esta área y digite la contraseña de nuevo para confirmar la contraseña.

8 Haga clic en esta área y digite una palabra o una frase que le pueda ayudar a recordar la contraseña. Esta información estará disponible para todo el mundo que usa la computadora.

9 Haga clic en **Create Password**.

123

Puede cerrar sesión en Windows para que otra persona pueda iniciar su propia sesión en Windows y pueda usar la computadora.

Cuando cierre su sesión de Windows, puede escoger conservar sus programas y sus archivos mientras otra persona usa la computadora. Esto le permite regresar rápidamente a sus programas y archivos después de que la otra termine de usar la computadora.

CERRAR SESIÓN DE WINDOWS

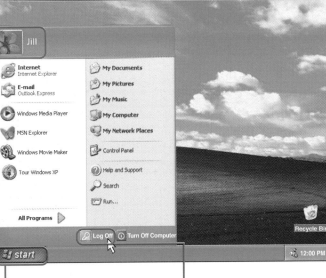

1 Haga clic en **start** para abrir el menú Start.

■ Esta área despliega el nombre de la cuenta del usuario actual.

2 Haga clic en **Log Off** para cerrar la sesión de Windows.

■ El cuadro de diálogo de Log Off Windows aparece.

3 Haga clic en una de las siguientes opciones.

Switch User
Cierra la sesión de Windows, manteniendo los programas y los archivos abiertos.

Log Off
Cierra la sesión de Windows, cerrando los programas y los archivos abiertos.

■ La pantalla Welcome aparece, permitiendo a otra persona iniciar sesión en Windows y usar la computadora. Para iniciar sesión en Windows, refiérase a la página 125.

Si ha establecido cuentas de usuario, para usar la computadora necesitará iniciar sesión en Windows.

Debe iniciar sesión en Windows cada vez que encienda su computadora o cierre la sesión de Windows para cambiar entre cuentas de usuario. Para información sobre cerrar la sesión, refiérase a la página 124.

INICIAR SESIÓN EN WINDOWS

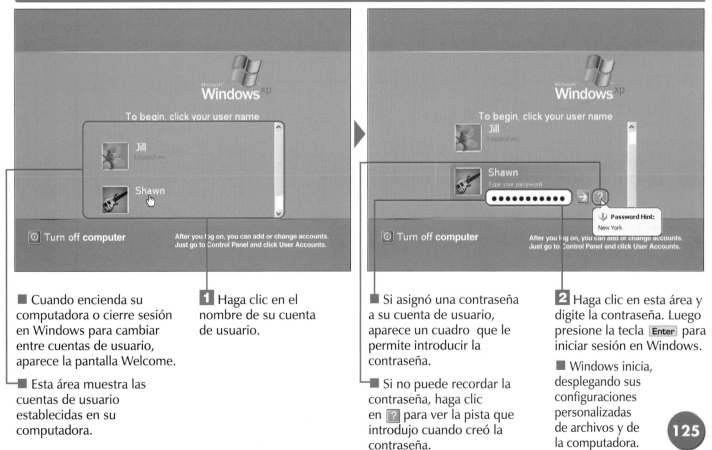

■ Cuando encienda su computadora o cierre sesión en Windows para cambiar entre cuentas de usuario, aparece la pantalla Welcome.

■ Esta área muestra las cuentas de usuario establecidas en su computadora.

1 Haga clic en el nombre de su cuenta de usuario.

■ Si asignó una contraseña a su cuenta de usuario, aparece un cuadro que le permite introducir la contraseña.

■ Si no puede recordar la contraseña, haga clic en [?] para ver la pista que introdujo cuando creó la contraseña.

2 Haga clic en esta área y digite la contraseña. Luego presione la tecla Enter para iniciar sesión en Windows.

■ Windows inicia, desplegando sus configuraciones personalizadas de archivos y de la computadora.

VER ARCHIVOS COMPARTIDOS

> **Puede ver los archivos personales de cada usuario establecido en su computadora.**

En la mayoría de los casos, el contenido de la carpeta My Documents (incluyendo sus subcarpetas) para cada usuario está disponible para otros usuarios. Si su computadora usa el sistema del archivos NTFS, no puede ver los archivos personal es de otros usuarios si tiene una cuenta limitada de usuario o si un usuario ha hecho privadas sus carpetas personales. Para información sobre hacer privadas las carpetas personales, vea la página 128.

VER ARCHIVOS COMPARTIDOS

1 Haga clic en **start** para desplegar el menú Start.

2 Haga clic en **My Computer** para ver el contenido de su computadora.

■ La ventana My Computer aparece.

■ La carpeta Shared Documents contiene archivos que los usuarios han seleccionado para compartir con los otros usuarios de la computadora.

■ Esta área exhibe una carpeta para cada usuario establecido en su computadora. Cada carpeta contiene los archivos personales de un usuario.

3 Para desplegar el contenido de una carpeta, haga doble clic en ella.

COMPARTIR ARCHIVOS

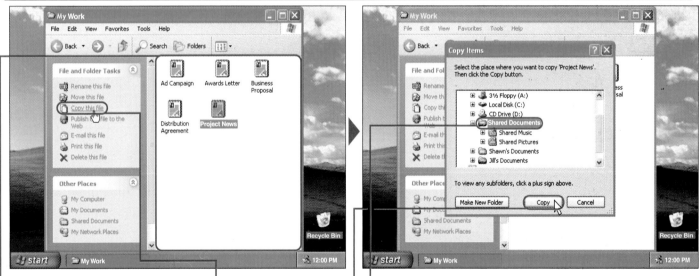

Si desea compartir archivos con cada usuario establecido en su computadora, puede copiar los archivos a la carpeta Shared Documents.

Copiar archivos a la carpeta Shared Documents es útil cuando desea compartir archivos que no se guardan en la carpeta My Documents o si su computadora usa el sistema del archivos NTFS y otros usuarios tienen restricciones para ver el contenido de su carpeta My Documents.

COMPARTIR ARCHIVOS

1 Haga clic en el archivo que desea compartir con los usuarios establecidos en su computadora.

■ Para compartir más de un archivo, seleccione todos los archivos que desee compartir. Para seleccionar varios archivos, refiérase a la página 34.

2 Haga clic en **Copy this file**.

*Nota: Si seleccionó varios archivos, haga clic en **Copy the selected items** en el paso 2.*

■ El cuadro de diálogo Copy Items aparece.

3 Haga clic en **Shared Documents**.

4 Haga clic en **Copy** para copiar el archivo.

■ Windows coloca una copia del archivo en la carpeta Shared Documents. El archivo ahora está disponible para cada usuario establecido en su computadora.

Nota: Si ya no desea compartir un archivo, entonces elimine el archivo de la carpeta Shared Documents. Para ver el contenido de la carpeta Shared Documents, refiérase a la página 126. Para eliminar un archivo, refiérase a la página 44.

HACER QUE SUS CARPETAS PERSONALES SEAN PRIVADAS

Puede hacer privados los contenidos de sus carpetas personales a fin de que solo usted puede acceder a los archivos dentro de las carpetas. Sus carpetas personales incluyen la carpeta My Documents y sus subcarpetas correspondientes.

Puede hacer privadas sus carpetas personales solo si su computadora usa el sistema de archivos NTFS. El sistema de archivo típicamente queda determinado cuando se instala Windows.

Si su computadora usa el sistema de archivo NTFS, el contenido de sus carpetas personales está disponible para cada usuario que tenga una cuenta de administrador establecida en su computadora.

HACER QUE SUS CARPETAS PERSONALES SEAN PRIVADAS

1 Haga clic en **start** para abrir el menú Start.

2 Haga clic en **All Programs** para ver la lista de los programas de su computadora.

3 Haga clic en **Accessories**.

4 Haga clic en **Windows Explorer**.

■ Una ventana aparece, permitiéndole ver el contenido de su computadora.

■ Esta área muestra la organización de las carpetas de su computadora.

5 Haga clic en la carpeta **My Documents** para especificar que desea hacer privados los contenidos de esta carpeta.

Nota: Para hacer privada solo una subcarpeta de la carpeta My Documents, haga clic en la subcarpeta deseada.

¿Qué debo considerar antes de hacer privadas mis carpetas personales?

Antes de hacer privadas sus carpetas personales, debe asignar una contraseña a su cuenta de usuario. Si no asigna una contraseña a su cuenta de usuario, cualquiera podrá conectarse a su cuenta y ver el contenido de sus carpetas personales incluso si hace privadas las carpetas. Para asignar una contraseña a su cuenta de usuario, vea la página 122.

¿Después de hacer privadas mis carpetas personales, puedo compartir solo un archivo de ellas?

Sí. Para compartir un archivo específico con cada usuario establecido de su computadora, necesita colocar una copia del archivo en la carpeta Shared Documents. La carpeta Shared Documents contiene archivos a los que puede acceder cada usuario establecido en la computadora. Para información sobre la carpeta Shared Documents, refiérase a la página 127.

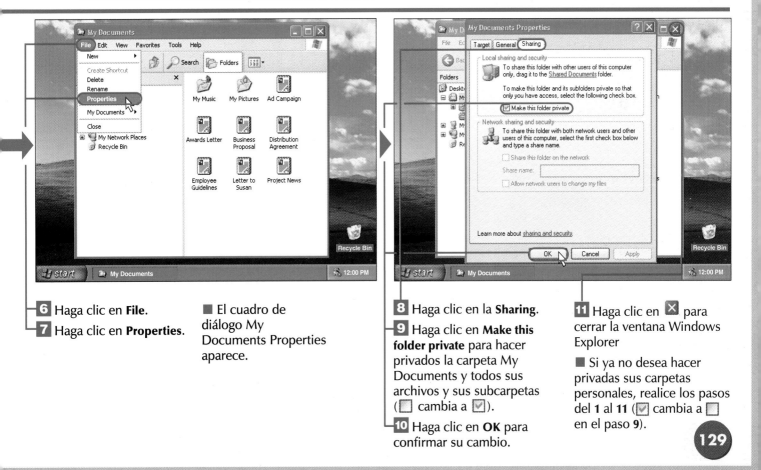

6 Haga clic en **File**.

7 Haga clic en **Properties**.

■ El cuadro de diálogo My Documents Properties aparece.

8 Haga clic en la **Sharing**.

9 Haga clic en **Make this folder private** para hacer privados la carpeta My Documents y todos sus archivos y sus subcarpetas (☐ cambia a ☑).

10 Haga clic en **OK** para confirmar su cambio.

11 Haga clic en ⊠ para cerrar la ventana Windows Explorer

■ Si ya no desea hacer privadas sus carpetas personales, realice los pasos del **1** al **11** (☑ cambia a ☐ en el paso **9**).

CAPÍTULO 7

PERSONALIZAR Y OPTIMIZAR WINDOWS

Windows XP incluye una serie de opciones que le ayudan a personalizar y optimizar su computadora. En este capítulo, aprenderá cómo cambiar el protector de pantalla, instalar programas, obtener las más recientes actualizaciones de Windows XP y más.

CAMBIAR EL FONDO DEL ESCRITORIO

Puede seleccionar un cuadro, el color del fondo o ambos para decorar su escritorio.

Al seleccionar un cuadro para decorar su escritorio, puede usar un cuadro que Windows proporcione o su propia imagen.

CAMBIAR EL FONDO DEL ESCRITORIO

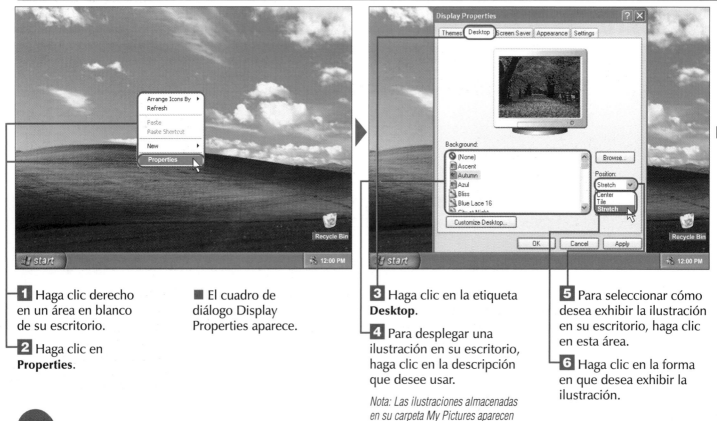

1 Haga clic derecho en un área en blanco de su escritorio.

2 Haga clic en **Properties**.

■ El cuadro de diálogo Display Properties aparece.

3 Haga clic en la etiqueta **Desktop**.

4 Para desplegar una ilustración en su escritorio, haga clic en la descripción que desee usar.

Nota: Las ilustraciones almacenadas en su carpeta My Pictures aparecen en la lista.

5 Para seleccionar cómo desea exhibir la ilustración en su escritorio, haga clic en esta área.

6 Haga clic en la forma en que desea exhibir la ilustración.

¿Cómo puedo exhibir una ilustración en mi escritorio?

Windows ofrece tres formas en que puede exhibir una ilustración en su escritorio.

Centrado

Exhibe el cuadro en el centro de su escritorio.

Mosaico

Repite la ilustración hasta que llena su escritorio entero.

Estirar

Estira la ilustración para cubrir todo su escritorio.

Nota: Si selecciona una ilustración grande que llena su escritorio entero, entonces seleccionar una de estas opciones no tendrá efecto en la forma en que el cuadro aparecerá en su escritorio.

7 Para seleccionar un color para su escritorio, haga clic en esta área para desplegar la lista de los colores disponibles.

8 Haga clic en el color que desea usar.

Nota: Si selecciona una ilustración en el paso 4, el color que seleccionó llenará cualquier espacio no cubierto y la ilustración.

■ Esta área muestra cómo aparecerán la ilustración y el color en su escritorio.

9 Haga clic en **OK** para agregar la ilustración y el color a su escritorio.

■ La descripción y el color aparecen en su escritorio.

■ Para quitar una ilustración de su escritorio, realice los pasos del 1 al 4, seleccionando (**None**) en el paso 4. Luego realice el paso 9.

> Puede cambiar el estilo y los colores que Windows usa para desplegar ventanas y otros ítemes en su pantalla.

CAMBIAR LA APARIENCIA DE LA PANTALLA

1 Haga clic derecho en un área en blanco de su escritorio. Un menú aparece.

2 Haga clic en **Properties**.

■ El cuadro de diálogo Display Properties aparece.

3 Haga clic en la etiqueta **Appearance**.

4 Haga clic en este área para desplegar los estilos disponibles.

5 Haga clic en el estilo que desea usar.

¿Cómo puedo cambiar la apariencia de mi pantalla?

Estilo de Windows XP

Estilo clásico de Windows

Ventanas y botones

De manera predefinida, puede escoger entre el estilo Windows XP, que es el estilo predeterminado de Windows XP, y el estilo clásico de Windows, el cual es el estilo usado en versiones previas de Windows.

Combinación de colores

Puede cambiar los colores usados en ítemes como ventanas, cuadros de diálogo y el menú Start.

El tamaño de la fuente

Puede cambiar el tamaño del texto mostrado en ítemes como menús, iconos y las barras de títulos de las ventanas. Cambiar el tamaño de la fuente también cambiará el tamaño de algunos botones, como el botón Close (✖). Aumentar el tamaño de la fuente es útil si tiene problemas leyendo el texto de su pantalla o haciendo clic en botones pequeños.

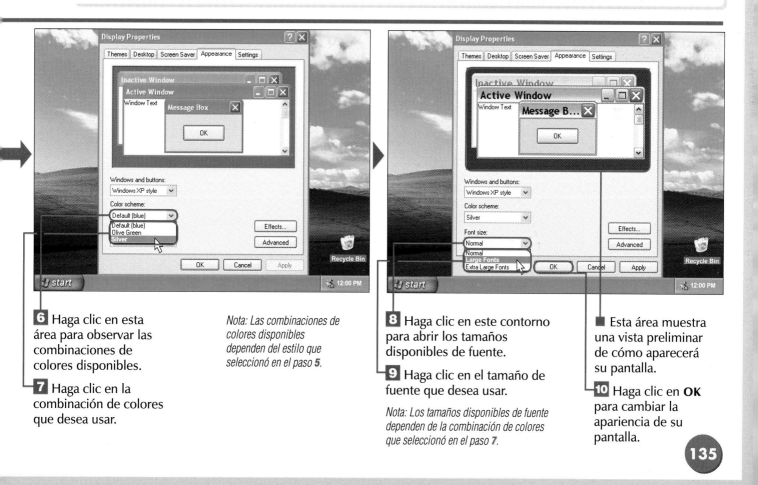

6 Haga clic en esta área para observar las combinaciones de colores disponibles.

7 Haga clic en la combinación de colores que desea usar.

Nota: Las combinaciones de colores disponibles dependen del estilo que seleccionó en el paso 5.

8 Haga clic en este contorno para abrir los tamaños disponibles de fuente.

9 Haga clic en el tamaño de fuente que desea usar.

Nota: Los tamaños disponibles de fuente dependen de la combinación de colores que seleccionó en el paso 7.

■ Esta área muestra una vista preliminar de cómo aparecerá su pantalla.

10 Haga clic en **OK** para cambiar la apariencia de su pantalla.

CAMBIAR EL PROTECTOR DE PANTALLA

Un protector de pantalla es una película cinematográfica o un patrón que aparece en la pantalla cuando no usa su computadora por un período de tiempo.

Puede usar un protector de pantalla para ocultar su trabajo mientras esté alejado de su escritorio. De manera predefinida, Windows abrirá un protector de pantalla cuando no use su computadora por diez minutos.

CAMBIAR EL PROTECTOR DE PANTALLA

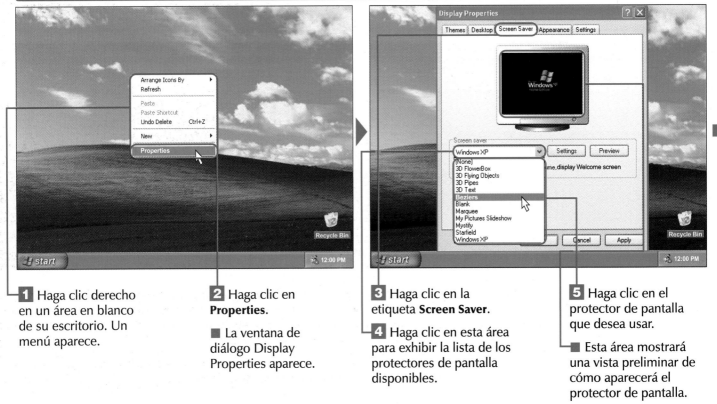

1 Haga clic derecho en un área en blanco de su escritorio. Un menú aparece.

2 Haga clic en **Properties**.

■ La ventana de diálogo Display Properties aparece.

3 Haga clic en la etiqueta **Screen Saver**.

4 Haga clic en esta área para exhibir la lista de los protectores de pantalla disponibles.

5 Haga clic en el protector de pantalla que desea usar.

■ Esta área mostrará una vista preliminar de cómo aparecerá el protector de pantalla.

¿Necesito usar un protector de pantalla?

Los protectores de pantalla fueron diseñados originalmente para impedir la quemadura de la pantalla, lo cual ocurría cuando una imagen aparecía en una posición fija en la pantalla por un período de tiempo. Los monitores de hoy son menos susceptibles a la quemadura de sus pantallas, pero las personas todavía usan protectores de pantalla por entretenimiento.

¿Qué hace el protector de pantalla My Pictures Slideshow?

Puede seleccionar el protector de pantalla My Pictures Slideshow para que las ilustraciones de su carpeta My Pictures aparezcan como su protector de pantalla. Windows rotará a través de todas las ilustraciones de la carpeta, exhibiendo cada ilustración de su pantalla por seis segundos. Para ver los contenidos de su carpeta My Pictures, refiérase a la página 23.

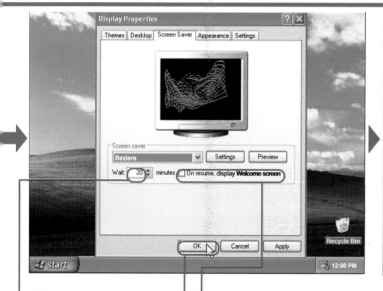

6 Para especificar el número de minutos que su computadora debe estar inactiva antes de que el protector de pantalla aparezca, haga doble clic en esta área. Luego digite el número de minutos.

7 Si usuarios múltiples están instalados a su computadora, esta opción requiere que se inicie sesión en Windows cada vez que elimine el protector de pantalla. Puede hacer clic en esta opción para desactivarla (☑ cambia a ☐).

Nota: Para información sobre iniciar sesión en Windows, refiérase a la página 125.

8 Haga clic en **OK**.

■ El protector de pantalla aparece cuando no usa su computadora por el número de minutos que especificó.

■ Puede mover el mouse o puede pulsar un botón del teclado para remover el protector de pantalla.

■ Para evitar que un protector de pantalla aparezca, realice los pasos del **1** al **5**, seleccionando **(None)** en el paso **5**. Luego realice el paso **8**.

CAMBIAR LA FECHA Y LA HORA

> Debe asegurarse de que en su computadora estén instaladas la fecha y la hora correctas. Windows usa la fecha y la hora para determinar cuándo crea y actualiza sus archivos.

Su computadora tiene un reloj incorporado que lleva control de la fecha y la hora aun cuando apaga la computadora.

CAMBIAR LA FECHA Y LA HORA

- Esta área exhibe la hora instalada en su computadora.

1 Para exhibir la fecha instalada en su computadora, sitúe el mouse ⍦ sobre la hora. Después de un momento, la fecha aparece.

2 Para cambiar la fecha y la hora instaladas en su computadora, haga doble clic en esta área.

- El cuadro de diálogo Date and Time Properties aparece.

- Esta área exhibe el mes establecido en su computadora.

3 Para cambiar el mes, haga clic en este contorno.

4 Haga clic en el mes correcto.

¿Windows cambiará alguna vez el tiempo automáticamente?

Windows cambiará el tiempo automáticamente para compensar la hora de verano. Cuando encienda su computadora después de que el ajuste de la hora de verano ocurra, Windows automáticamente habrá cambiado la hora.

¿Windows puede asegurar que el reloj de mi computadora está exacto?

Windows automáticamente sincroniza el reloj de su computadora con un servidor de hora de Internet aproximadamente una vez a la semana. Debe estar conectado a Internet para que la sincronización ocurra. Si está en una red que usa una protección (firewall) contra el acceso desautorizado, Windows no podrá sincronizar el reloj de su computadora.

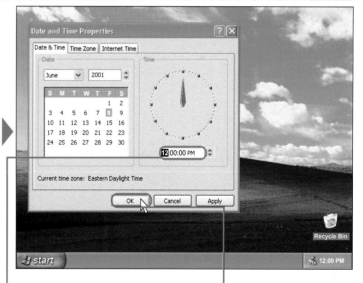

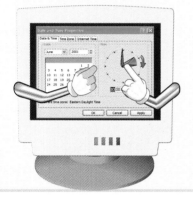

■ Esta área despliega el año determinado en su computadora.

5 Para cambiar el año, haga clic en ▲ o en ▼ en esta área, hasta que el año correcto aparezca.

■ Esta área muestra los días del mes. El día actual se resalta.

6 Para cambiar el día, haga clic en el día correcto.

■ Esta área muestra la hora determinada en su computadora.

7 Para cambiar la hora, haga doble clic en la parte de la hora que desea cambiar. Luego digite la información correcta.

8 Haga clic en **OK** para confirmar sus cambios.

> Windows puede reproducir efectos de sonido cuando ciertos eventos de programas ocurren en su computadora. Por ejemplo, puede oír una melodía corta cuando inicia Windows.

Puede cambiar los sonidos asignados a muchos eventos al mismo tiempo seleccionando un esquema de sonido. Un esquema de sonido consta de un conjunto de sonidos relacionados.

ASIGNAR SONIDOS A EVENTOS DE PROGRAMAS

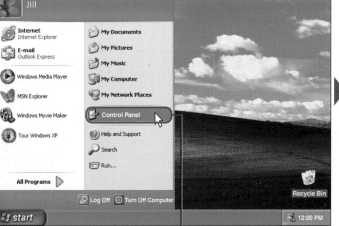

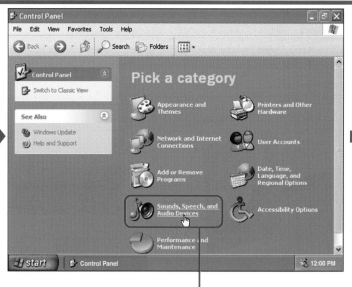

1 Haga clic en **start** para desplegar el menú Start.

2 Haga clic en **Control Panel** para cambiar la configuración de su computadora.

■ La ventana Control Panel aparece.

3 Haga clic en **Sounds, Speech, and Audio Devices**.

SIMPLIFÍQUESE

¿A cuáles eventos de programas Windows les puede asignar sonidos?

Windows puede asignar sonidos a más de 30 eventos de su computadora. Aquí hay algunos ejemplos.

tjones@abc.com

Salir de Windows

Un sonido se reproducirá cada vez que salga de Windows.

Notificación de correo nuevo

Un sonido se reproducirá cada vez que reciba un mensaje nuevo de correo electrónico.

Vaciar la Papelera de reciclaje

Un sonido se reproducirá cada vez que vacíe la Papelera de reciclaje.

■ La ventana Sounds, Speech, and Audio Devices aparece.

4 Haga clic en **Change the sound scheme** scheme para asignar sonidos a eventos de programa de su computadora.

■ La ventana de diálogo Sounds and Audio Devices Properties aparece.

■ Esta área lista los eventos a los que puede asignar sonidos.

5 Haga clic en este contorno para exhibir la lista de los esquemas de sonido disponibles.

6 Haga clic en el diseño de sonido que desea usar.

*Nota: Si no desea que se reproduzcan sonidos para los eventos, seleccione **No Sounds**.*

CONTINÚA

Cuando asigne sonidos a eventos de programas, puede probar el sonido que Windows reproducirá para cada evento.

ASIGNAR SONIDOS A EVENTOS DE PROGRAMAS (CONTINUACIÓN)

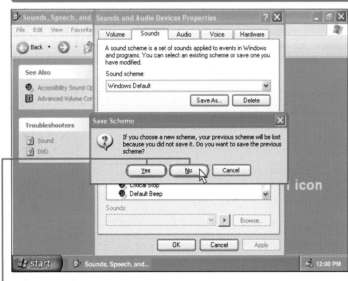

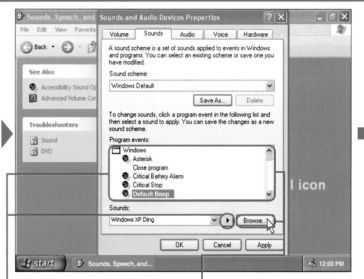

■ La ventana de diálogo Save Scheme puede aparecer, preguntándole si desea guardar el esquema de sonido previo.

7 Haga clic en **Yes** o **No** para especificar si desea guardar el esquema de sonido previo.

*Nota: Si seleccionó **Yes**, un cuadro de diálogo aparecerá, dándole permiso de nombrar el esquema de sonido. Digite un nombre para el esquema de sonido y, luego, presione la tecla* Enter *. El esquema de sonido aparecerá en la lista de esquemas de sonido disponibles.*

■ Un icono de altavoz ( ) aparecerá al lado de cada evento que reproducirá un sonido.

8 Para reproducir el sonido de un evento, haga clic en él.

9 Haga clic en ▶ para reproducir el sonido.

ASIGNAR SONIDOS A EVENTOS ESPECÍFICOS

10 Para asignar un sonido a un evento específico, haga clic en el evento.

11 Haga clic en **Browse** para ir en busca del sonido que desea usar.

¿Dónde puedo obtener sonidos que pueda asignar a eventos específicos de programa?

Puede usar los sonidos incluidos en Windows, comprar colecciones de sonidos en tiendas de computación u obtener sonidos de Internet. Los sonidos que use deben estar en el formato Wave. Los archivos Wave tienen la extensión .wav. Puede obtener sonidos en los siguientes sitios Web:

www.favewavs.com

www.wavlist.com

■ El cuadro de diálogo Browse for aparece.

■ Esta área muestra la posición de los archivos desplegados. Puede hacer clic en este área para cambiar la posición.

12 Haga clic en el sonido que desea reproducir cada vez que el evento ocurra.

13 Haga clic en ▶ para reproducir el sonido.

14 Haga clic en **OK** para confirmar su selección.

■ El icono de un parlante (🔊) aparece al lado del evento.

15 Para asignar sonidos a otros eventos, repita los pasos del **10** al **14** para cada evento.

16 Haga clic en **OK** para confirmar todos sus cambios.

■ Haga clic en ☒ para cerrar la ventana Sounds, Speech, and Audio Devices.

Puede ajustar el volumen de todos los dispositivos de su computadora al mismo tiempo. También puede ajustar el volumen de dispositivos específicos sin afectar el volumen de los otros.

AJUSTAR EL VOLUMEN

1 Haga clic en **start** para abrir el menú Start.

2 Haga clic en **All Programs** para ver la lista de los programas de su computadora.

3 Haga clic en **Accessories**.

4 Haga clic en **Entertainment**.

5 Haga clic en **Volume Control**.

■ Aparece una ventana que le permite cambiar el volumen del sonido de su computadora.

■ Esta área muestra el control que le permite cambiar el volumen de todos los dispositivos de su computadora al mismo tiempo.

■ Esta área muestra controles que le permiten cambiar el volumen de dispositivos individuales de su computadora.

Nota: Los dispositivos disponibles dependen de la capacidad de sonido de su computadora.

144

¿Hay una forma rápida de ajustar el volumen del parlante?

Muchos parlantes tienen una perilla que puede usar para ajustar el volumen. Sus parlantes también pueden tener un botón de energía que puede usar para encender o apagar el sonido.

¿A cuáles dispositivos les puedo ajustar el volumen?

Windows le permite ajustar el volumen de muchos dispositivos de su computadora. Aquí hay algunos dispositivos comunes a los cuales puede ajustar el volumen.

Dispositivo	Controles
Micrófono	Volumen de grabación al usar un micrófono para grabar sonidos.
Line In	Grabar sonido de dispositivos, como un lector de CD o una grabadora que se conecta al puerto Line In. El puerto Line In está ubicado usualmente detrás de la computadora.
CD de audio	El volumen del sonido de discos compactos.
MIDI	El volumen de reproducción de sonidos MIDI.
Sonidos Wave	El volumen de sonidos Wave.

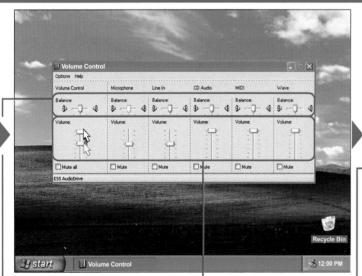

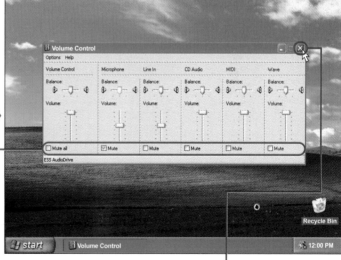

6 Para cambiar el balance entre los parlantes izquierdo y derecho de un dispositivo, arrastre el cuadro deslizante de balance (🔘) del dispositivo.

Nota: Cambiar el balance entre los parlantes izquierdo y derecho es útil cuando uno está más alejado que el otro y usted desea hacer que aquel parlante suene más fuerte.

7 Para aumentar o disminuir el volumen de un dispositivo, arrastre el dispositivo deslizante de volumen (🔲) del dispositivo.

8 Para desactivar el sonido de un dispositivo, haga clic en **Mute,** en el dispositivo (☐ cambia a ☑).

*Nota: Para de nuevo activar el sonido de un dispositivo, repita el paso **8**.*

9 Cuando termina de ajustar el volumen, haga clic en ☒ para cerrar la ventana.

INSTALAR UN PROGRAMA

Puede instalar un programa nuevo en su computadora. Los programas están disponibles en discos de CD-ROM y en disquetes.

Después de instalar un programa nuevo, asegúrese de mantener guardado el disquete o el CD-ROM del programa en un lugar seguro. Si su computadora falla o si, accidentalmente, borra los archivos del programa, quizás necesite instalar el programa otra vez.

Solo puede usar el método de abajo para instalar programas diseñados para Windows.

x

INSTALAR UN PROGRAMA

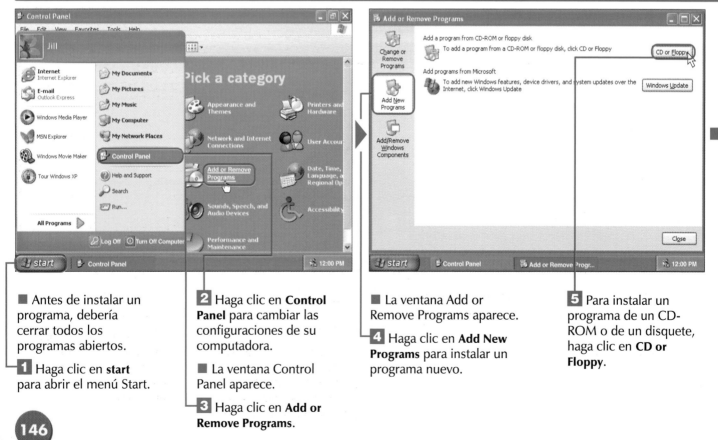

■ Antes de instalar un programa, debería cerrar todos los programas abiertos.

1 Haga clic en **start** para abrir el menú Start.

2 Haga clic en **Control Panel** para cambiar las configuraciones de su computadora.

■ La ventana Control Panel aparece.

3 Haga clic en **Add or Remove Programs**.

■ La ventana Add or Remove Programs aparece.

4 Haga clic en **Add New Programs** para instalar un programa nuevo.

5 Para instalar un programa de un CD-ROM o de un disquete, haga clic en **CD or Floppy**.

146

¿Por qué apareció un programa de instalación cuando introduje el CD-ROM de un programa en mi unidad de CD ROM?

La mayoría de programas de Windows disponibles en CD-ROM automáticamente inician un programa de instalación al ser introducidos en su unidad CD ROM. Siga las instrucciones de su pantalla para instalar el programa.

¿Cómo puedo instalar un programa descargado de Internet?

Puede obtener muchos programas útiles en Internet, como en el sitio Web www.shareware.com. Para instalar un programa que obtuvo de Internet, localice en su computadora los archivos del programa y haga doble clic en el archivo que le permite instalar el programa. El archivo usualmente se llama **install**, **setup** o según el nombre del programa.

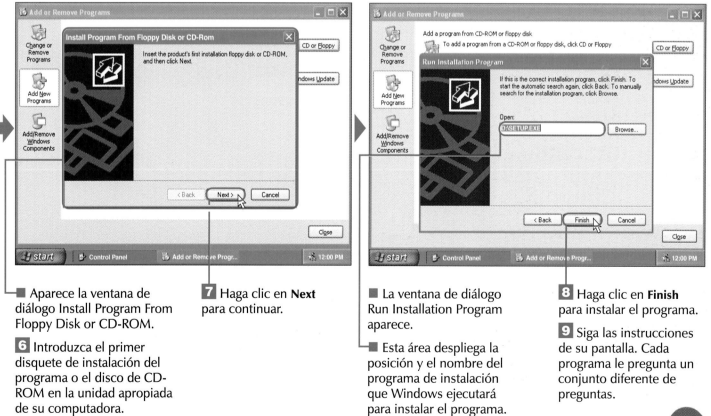

■ Aparece la ventana de diálogo Install Program From Floppy Disk or CD-ROM.

6 Introduzca el primer disquete de instalación del programa o el disco de CD-ROM en la unidad apropiada de su computadora.

7 Haga clic en **Next** para continuar.

■ La ventana de diálogo Run Installation Program aparece.

■ Esta área despliega la posición y el nombre del programa de instalación que Windows ejecutará para instalar el programa.

8 Haga clic en **Finish** para instalar el programa.

9 Siga las instrucciones de su pantalla. Cada programa le pregunta un conjunto diferente de preguntas.

ELIMINAR UN PROGRAMA

Puede eliminar de la computadora aquel programa que ya no use. Eliminar un programa liberará espacio en su computadora.

ELIMINAR UN PROGRAMA

1 Haga clic en **start** para abrir el menú Start.

2 Haga clic en **Control Panel** para cambiar la configuración de su computadora.

■ Aparece la ventana Control Panel.

3 Haga clic en **Add or Remove Programs**.

¿Por qué el programa que deseo eliminar no aparece en la ventana Add or Remove Programs?

Solo puede usar la ventana Add or Remove Programs para eliminar programas diseñados para Windows. Para determinar cómo eliminar otros programas de su computadora, puede revisar la documentación incluida en el programa del caso. También puede comprar un programa de desinstalación, como Norton Clean Sweep, que le ayuda a borrar los programas innecesarios.

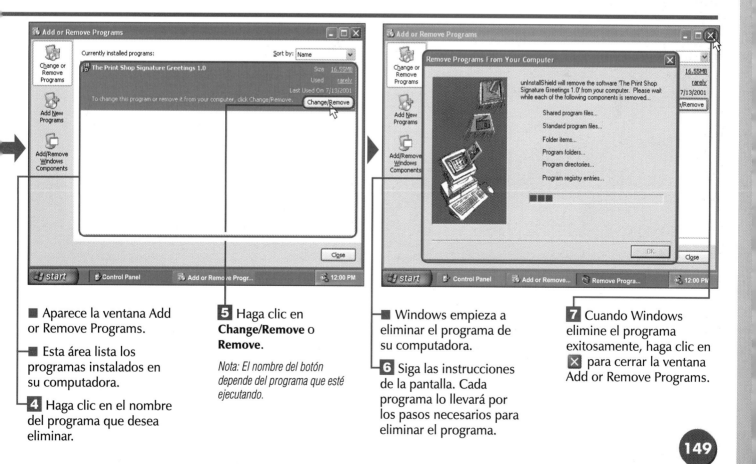

■ Aparece la ventana Add or Remove Programs.

■ Esta área lista los programas instalados en su computadora.

4 Haga clic en el nombre del programa que desea eliminar.

5 Haga clic en **Change/Remove** o **Remove**.

Nota: El nombre del botón depende del programa que esté ejecutando.

■ Windows empieza a eliminar el programa de su computadora.

6 Siga las instrucciones de la pantalla. Cada programa lo llevará por los pasos necesarios para eliminar el programa.

7 Cuando Windows elimine el programa exitosamente, haga clic en ⊠ para cerrar la ventana Add or Remove Programs.

Para que Windows sea capaz de actualizar la computadora automáticamente, necesita una conexión a Internet.

ACTUALIZAR WINDOWS

ESTABLECER ACTUALIZACIONES AUTOMÁTICAS

■ Un icono (🌀) y un mensaje aparecen cuando usted puede configurar Windows para que actualice automáticamente su computadora.

1 Haga clic en el icono (🌀) para que Windows actualice su computadora automáticamente.

Nota: Si 🔽 está oculto, puede hacer clic en 🔽 en la barra de tareas, para mostrar el icono.

■ El asistente Automatic Updates Setup Wizard aparece, permitiéndole configurar a Windows para que actualice la computadora automáticamente.

■ Esta área muestra información sobre actualizar la computadora de modo automático.

2 Haga clic en **Next** para continuar.

¿Windows cómo hace para
actualizar mi computadora?

Windows usará la más reciente información
disponible en Internet para revisar el software
desactualizado de Windows en su computadora. Para
mejorar el desempeño de su computadora, Windows
puede actualizar el software existente, solucionar
problemas y agregar software nuevo. Windows
también puede obtener información de ayuda y
controladores. Un controlador es un tipo de software
que le permite a su computadora comunicarse con un
dispositivo de hardware, como una impresora.

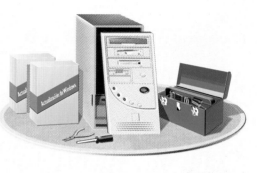

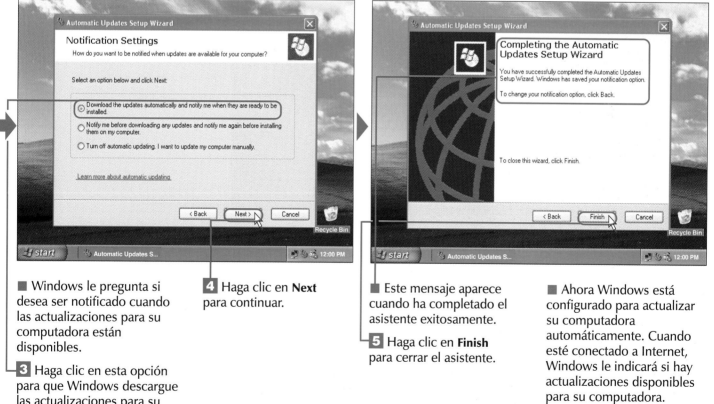

■ Windows le pregunta si
desea ser notificado cuando
las actualizaciones para su
computadora están
disponibles.

3 Haga clic en esta opción
para que Windows descargue
las actualizaciones para su
computadora y le notifique
cuando estén listas para ser
instaladas (○ cambia a ◉).

4 Haga clic en **Next**
para continuar.

■ Este mensaje aparece
cuando ha completado el
asistente exitosamente.

5 Haga clic en **Finish**
para cerrar el asistente.

■ Ahora Windows está
configurado para actualizar
su computadora
automáticamente. Cuando
esté conectado a Internet,
Windows le indicará si hay
actualizaciones disponibles
para su computadora.

CONTINÚA

Cuando esté conectado a Internet, Windows revisa automáticamente si hay actualizaciones que se puedan aplicar a su computadora y le notifica cuando estas estén listas para ser instaladas.

ACTUALIZAR WINDOWS (CONTINUACIÓN)

■ Cuando esté conectado a Internet, aparece un icono ( ) y un mensaje si las actualizaciones han sido descargadas y están listas para ser instaladas en su computadora.

1 Haga clic en el icono ( ) para instalar las actualizaciones recomendadas.

Nota: Si está oculto, puede hacer clic en , en la barra de tareas, para mostrar el icono.

■ El asistente Automatic Updates aparece, indicándole que Windows está listo para instalar en su computadora las actualizaciones recomendadas.

■ Esta área indica que algunas actualizaciones necesitan que reinicie la computadora. Antes de continuar, asegúrese de guardar su trabajo y cerrar todos los programas.

2 Haga clic en **Install** para instalar las actualizaciones

¿Hay otra forma de actualizar Windows?

Puede instalar actualizaciones específicas del sitio Web Windows Update. Este sitio puede revisar su computadora para determinar cuáles actualizaciones puede instalar para actualizar a Windows. Para mostrar el sitio Web Windows Update, realice los siguientes pasos.

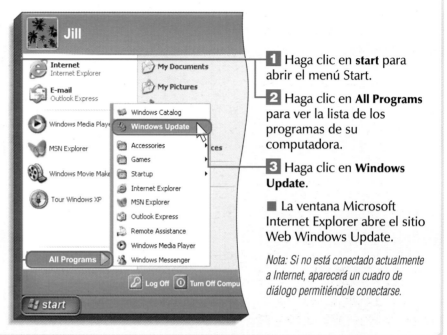

1 Haga clic en **start** para abrir el menú Start.

2 Haga clic en **All Programs** para ver la lista de los programas de su computadora.

3 Haga clic en **Windows Update**.

■ La ventana Microsoft Internet Explorer abre el sitio Web Windows Update.

Nota: Si no está conectado actualmente a Internet, aparecerá un cuadro de diálogo permitiéndole conectarse.

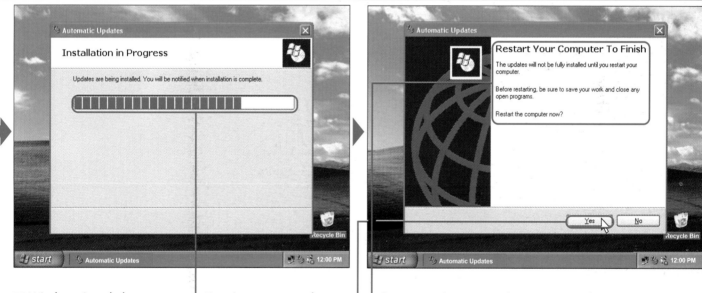

■ Windows instala las actualizaciones en su computadora

■ Esta área muestra el progreso de la instalación.

■ Este mensaje aparece si necesita reiniciar su computadora para completar la instalación.

3 Haga clic en **Yes** para reiniciar su computadora y completar la instalación.

*Nota: Si aparece el mensaje "Installation Complete" no necesita reiniciar la computadora. Haga doble clic en **OK** para completar la instalación.*

Antes de poder usar una impresora con su computadora, necesita instalar la impresora en la computadora. Solo debe instalar la impresora una vez.

Windows proporciona un asistente que lo guiará paso a paso por el proceso de la instalación de la impresora.

Antes de instalar la impresora, asegúrese de conectarla a la computadora y de encenderla.

INSTALAR UNA IMPRESORA

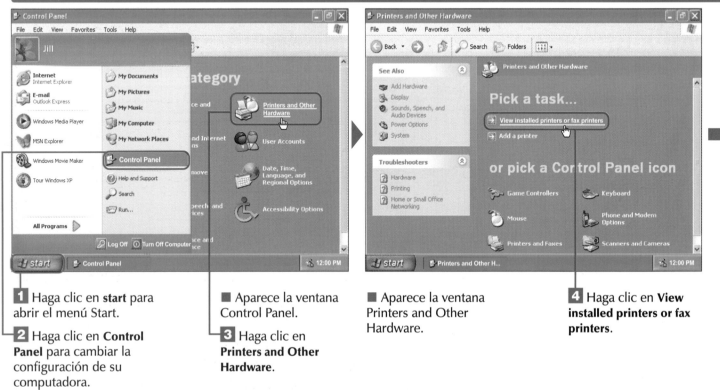

■ 1 Haga clic en **start** para abrir el menú Start.

■ 2 Haga clic en **Control Panel** para cambiar la configuración de su computadora.

■ Aparece la ventana Control Panel.

■ 3 Haga clic en **Printers and Other Hardware**.

■ Aparece la ventana Printers and Other Hardware.

■ 4 Haga clic en **View installed printers or fax printers**.

¿Por qué necesito instalar una impresora?

Instalar una impresora le permite instalar el controlador de la impresora que Windows necesita para trabajar con ella. Un controlador de impresora es un software especial que le permite a Windows comunicarse con la impresora.

¿Cómo instalo una impresora Plug and Play?

Una impresora Plug and Play es una impresora que Windows puede detectar e instalar automáticamente. La mayoría de las impresoras modernas son Plug and Play. La primera vez que conecte una impresora Plug and Play a su computadora y encienda la impresora, Windows usualmente instalará la impresora sin necesidad de seleccionar nada. En algunos casos, aparece el asistente Found New Hardware Wizard, mostrando instrucciones que puede seguir para instalar la impresora.

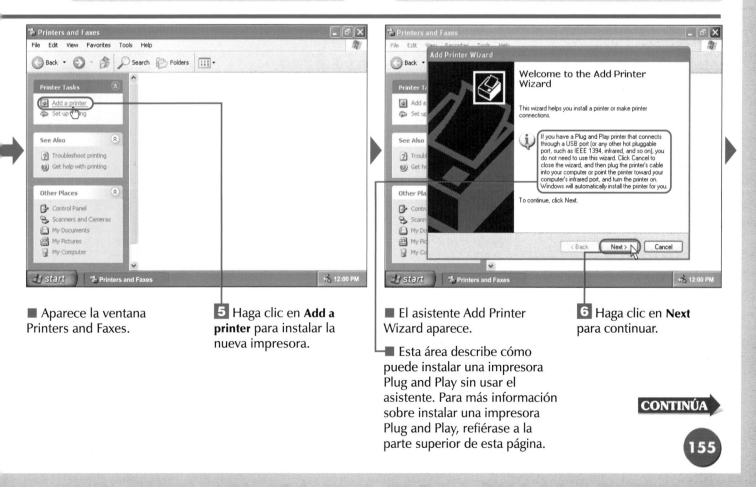

■ Aparece la ventana Printers and Faxes.

5 Haga clic en **Add a printer** para instalar la nueva impresora.

■ El asistente Add Printer Wizard aparece.

■ Esta área describe cómo puede instalar una impresora Plug and Play sin usar el asistente. Para más información sobre instalar una impresora Plug and Play, refiérase a la parte superior de esta página.

6 Haga clic en **Next** para continuar.

CONTINÚA ▶

INSTALAR UNA IMPRESORA

Cuando instala una impresora, necesita especificar cuál puerto desea que use. Un puerto es un conector a través del cual puede unir un dispositivo a la computadora.

Los puertos, generalmente, están localizados en la parte posterior de la computadora y le permiten a esta comunicarse con los dispositivos conectados.

INSTALAR UNA IMPRESORA (CONTINUACIÓN)

■ El asistente le pregunta cómo se conecta la impresora a la computadora.

7 Haga clic en esta opción para instalar una impresora que se conecte directamente a la computadora (○ cambia a ◉).

8 Si no desea que Windows detecte e instale automáticamente una impresora Plug and Play conectada a la computadora, haga clic en esta opción (☑ cambia a ☐).

9 Haga clic en **Next** para continuar.

10 Esta área muestra el puerto que la impresora usa para comunicarse con su computadora. Puede hacer clic en esta área para seleccionar un puerto diferente.

Nota: La mayoría de las impresoras usan LPT1.

11 Haga clic en **Next** para continuar.

**¿Qué debo hacer si la
impresora que deseo instalar
no aparece en la lista?**

Si la impresora que desea instalar
no aparece en la lista de
impresoras del paso **13** de abajo,
puede usar el disco de instalación
incluido en su impresora.

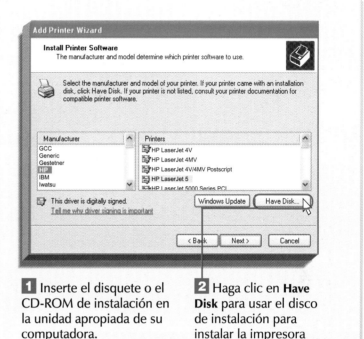

1 Inserte el disquete o el
CD-ROM de instalación en
la unidad apropiada de su
computadora.

2 Haga clic en **Have
Disk** para usar el disco
de instalación para
instalar la impresora

12 Haga clic en el
fabricante de su impresora.

13 Haga clic en el modelo
de su impresora.

*Nota: Si la impresora que desea usar
no aparece en la lista, refiérase a la
parte superior de esta página.*

14 Haga clic en **Next**
para continuar.

■ Puede hacer clic
en **Back** en cualquier
momento para volver
a un paso previo y
cambiar sus
selecciones.

15 Windows proporciona un
nombre para su impresora.
Para usar un nombre diferente,
digite uno nuevo.

16 Haga clic en **Yes** o **No** para
especificar si desea usar la impresora
como la impresora predefinida (◯
cambia a ◉). Los archivos se
imprimirán automáticamente en la
impresora predefinida.

*Nota: Si está instalando la
primera impresora, no es
necesario realizar el paso **16**.*

17 Haga clic en **Next**
para continuar.

CONTINÚA

INSTALAR UNA IMPRESORA

Si su computadora está unida a una red, puede compartirla con otras personas de la red. Compartir una impresora le permite a los demás imprimir sus documentos con ella.

Compartir una impresora le permite a personas y compañías ahorrar dinero puesto que varios miembros de la red pueden usar la misma impresora.

INSTALAR UNA IMPRESORA (CONTINUACIÓN)

18 Haga clic en una opción para especificar si desea compartir la impresora en la red (○ cambia a ◉).

19 Si seleccionó compartir la impresora, esta área muestra el nombre de la impresora que la gente verá en la red. Para usar un nombre diferente, solo digite uno nuevo.

20 Haga clic en **Next** para continuar.

■ Si eligió no compartir la impresora en el paso **18**, salte al paso **24**.

■ Windows le permite introducir información sobre la impresora que puede ser útil para los miembros de la red.

21 Haga clic en esta área y digite la localización de su impresora.

22 Haga clic en esta área y digite un comentario sobre la impresora, como su capacidad.

23 Haga clic en **Next** para continuar.

¿Cómo puedo ver la impresora que instalé en mi computadora?

Aparece la ventana Printers and Faxes con un icono para la impresora instalada. Si escogió compartir la impresora con otras personas de la red, aparece una mano (✍) en el icono de la impresora compartida. La ventana Printers and Faxes también puede mostrar un icono para cada impresora de la red que esté disponible para uso. Para ver la ventana Printers and Faxes, realice los pasos del **1** al **4** en la página 154.

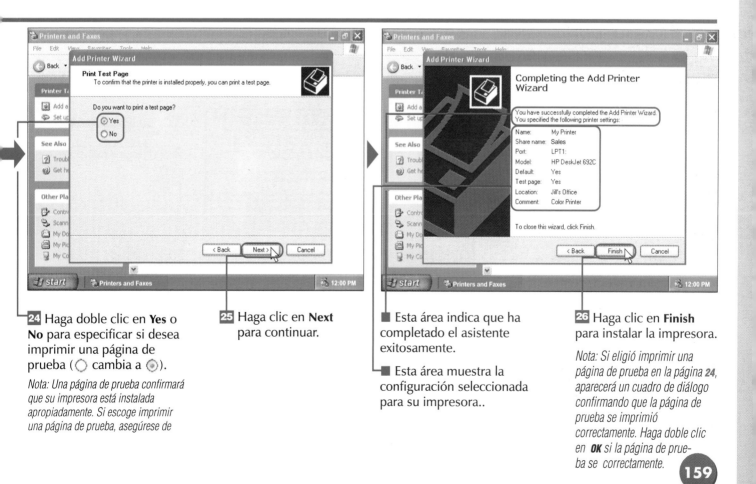

24 Haga doble clic en **Yes** o **No** para especificar si desea imprimir una página de prueba (○ cambia a ◉).

Nota: Una página de prueba confirmará que su impresora está instalada apropiadamente. Si escoge imprimir una página de prueba, asegúrese de

25 Haga clic en **Next** para continuar.

■ Esta área indica que ha completado el asistente exitosamente.

■ Esta área muestra la configuración seleccionada para su impresora..

26 Haga clic en **Finish** para instalar la impresora.

*Nota: Si eligió imprimir una página de prueba en la página 24, aparecerá un cuadro de diálogo confirmando que la página de prueba se imprimió correctamente. Haga doble clic en **OK** si la página de prueba se correctamente.*

RESTAURAR SU COMPUTADORA

> Si está experimentando problemas con su computadora, puede usar la característica System Restore para devolver su computadora a una fecha antes de que los problemas ocurrieran.

Fecha de Hoy
MAY 26

Restaurar Computadora Al:
MAY 15

Por ejemplo, si su computadora no trabaja apropiadamente después de que instaló un programa, puede restaurar su computadora a una fecha anterior a la instalación del programa.

RESTAURAR SU COMPUTADORA

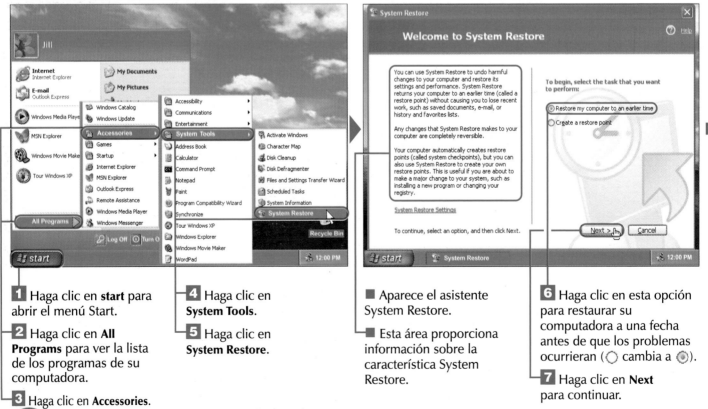

1 Haga clic en **start** para abrir el menú Start.

2 Haga clic en **All Programs** para ver la lista de los programas de su computadora.

3 Haga clic en **Accessories**.

4 Haga clic en **System Tools**.

5 Haga clic en **System Restore**.

■ Aparece el asistente System Restore.

■ Esta área proporciona información sobre la característica System Restore.

6 Haga clic en esta opción para restaurar su computadora a una fecha antes de que los problemas ocurrieran (○ cambia a ◉).

7 Haga clic en **Next** para continuar.

¿Cuáles tipos de puntos de restauración están disponibles?

Cuando restaure su computadora, puede seleccionar de varios tipos de puntos de restauración, los cuales son momentos anteriores y más convenientes a los que puede devolver su computadora.

Windows puede almacenar de una a dos semanas de puntos de restauración. Estos son unos cuantos tipos de puntos de restauración comunes.

Punto del sistema

Puntos de restauración creados por Windows automáticamente en un período regular.

Instalado *(Programa)*

Puntos de restauración creados automáticamente cuando instala ciertos programas. El nombre del programa aparece junto a la palabra "Installed."

Instalación de Actualizaciones Automáticas

Puntos de restauración creados cuando instala las actualizaciones recomendadas por Windows. Para información sobre actualizar Windows automáticamente, refiérase a la página 194.

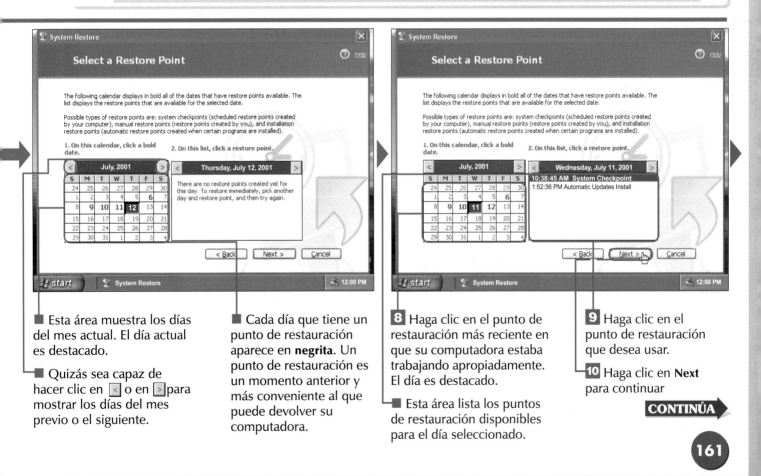

■ Esta área muestra los días del mes actual. El día actual es destacado.

■ Quizás sea capaz de hacer clic en ◄ o en ►para mostrar los días del mes previo o el siguiente.

■ Cada día que tiene un punto de restauración aparece en **negrita**. Un punto de restauración es un momento anterior y más conveniente al que puede devolver su computadora.

8 Haga clic en el punto de restauración más reciente en que su computadora estaba trabajando apropiadamente. El día es destacado.

■ Esta área lista los puntos de restauración disponibles para el día seleccionado.

9 Haga clic en el punto de restauración que desea usar.

10 Haga clic en **Next** para continuar

CONTINÚA

161

Cuando restaure su computadora a un momento previo, no perderá su trabajo reciente, como documentos o mensajes de correo electrónico.

Antes de restaurar su computadora a un momento previo, debe cerrar todos los archivos y los programas.

PROGRAMAR SU COMPUTADORA (CONTINUACIÓN)

■ Esta área muestra información sobre el punto de restauración que seleccionó.

■ Puede hacer clic en **Back** para regresar a la pantalla previa y cambiar el punto de restauración que seleccionó.

■ Esta área muestra información sobre la característica System Restore.

11 Haga clic en **Next** para restaurar su computadora.

¿Necesitaré reinstalar programas después de restaurar la computadora?

Cuando restaure su computadora a un momento previo, todos los programas instalados después de esa fecha deben ser desinstalados. Los archivos creados usando el programa no serán borrados, pero necesitará reinstalar el programa para trabajar con los archivos de nuevo. Cuando la restauración concluya, su computadora se reiniciará automáticamente.

¿Puedo revertir los cambios hechos cuando restauré la computadora?

Sí. Todos los cambios que la característica System Restore produce en su computadora son totalmente reversibles. Para deshacer la última restauración, realice los pasos del 1 al 7 de la página 163, pero seleccione **Undo my last restoration** en el paso 6. Luego realice los pasos del 11 y 12 de abajo.

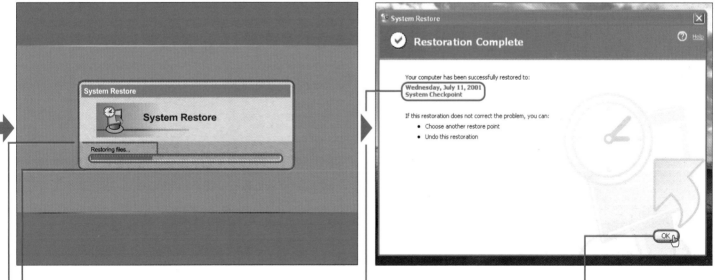

■ Aparece el cuadro de diálogo System Restore.

■ Esta área muestra el progreso de la restauración.

■ Cuando concluya la restauración, su computadora reiniciará automáticamente.

■ Después de que su computadora reinicia, aparece un cuadro de diálogo indicando que su computadora ha sido restaurada exitosamente.

■ Esta área muestra la fecha a la cual su computadora se restauró.

12 Haga clic en **OK** para cerrar el cuadro de diálogo.

Puede permitirle a una persona en otra computadora ver la pantalla de su computadora y chatear con usted para ayudarlo a solucionar un problema con su computadora

Con su permiso, la otra persona puede controlar su computadora para solucionar el problema.

Si alguna de las dos computadoras está conectada a una red, es posible que una barrera de protección (firewall) le impida usar la Asistencia Remota. Las barreras de protección evitan el acceso desautorizado.

OBTENER ASISTENCIA REMOTA

■ Debe estar conectado a Internet para obtener asistencia remota.

1 Haga clic en **start** para abrir el menú Start.

2 Haga clic en **All Programs** para ver la lista de los programas de su computadora.

3 Haga clic en **Remote Assistance**a

■ Aparece la ventana Help and Support Center.

■ Esta área muestra información sobre Remote Assistance.

4 Haga clic en **Invite someone to help you**.

SIMPLIFÍQUESE

¿Cómo puedo enviar una invitación para Asistencia Remota a otra persona?

Puede enviar una invitación de Asistencia Remota a otra persona a través de un mensaje de correo electrónico o a través de Windows Messenger.

Para usar Asistencia Remota, ambas computadoras deben usar Windows XP y estar conectadas a Internet.

Correo electrónico

Para enviar una invitación para Asistencia Remota en un mensaje de correo electrónico, ambas computadoras deben usar un programa compatible de correo electrónico, como Outlook Express. Para información sobre Outlook Express, refiérase a las páginas de la 202 a la 213.

Windows Messenger

Para enviar una invitación para Asistencia Remota con Windows Messenger, ambas computadoras deben tener abierta una sesión de Windows Messenger. La persona a la que le desea enviar una invitación también debe aparecer en la lista de contactos de Windows Messenger. Para información sobre Windows Messenger, refiérase a las páginas de la 216 a la 223.

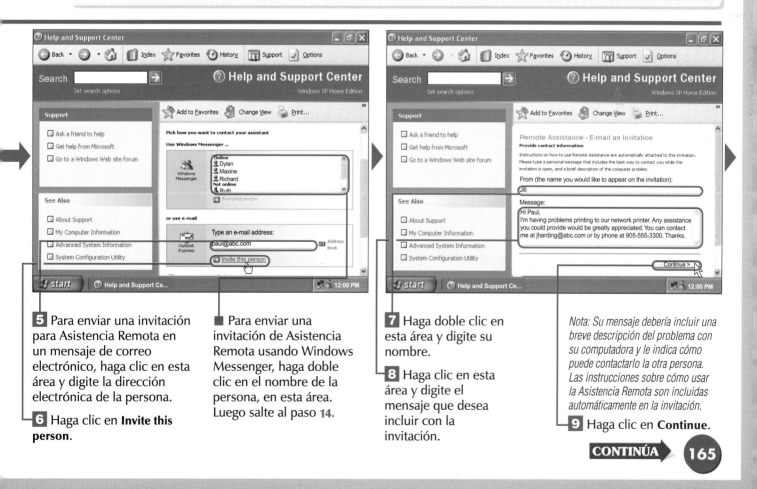

5 Para enviar una invitación para Asistencia Remota en un mensaje de correo electrónico, haga clic en esta área y digite la dirección electrónica de la persona.

6 Haga clic en **Invite this person**.

■ Para enviar una invitación de Asistencia Remota usando Windows Messenger, haga doble clic en el nombre de la persona, en esta área. Luego salte al paso **14**.

7 Haga doble clic en esta área y digite su nombre.

8 Haga clic en esta área y digite el mensaje que desea incluir con la invitación.

Nota: Su mensaje debería incluir una breve descripción del problema con su computadora y le indica cómo puede contactarlo la otra persona. Las instrucciones sobre cómo usar la Asistencia Remota son incluidas automáticamente en la invitación.

9 Haga clic en **Continue**.

CONTINÚA **165**

Cuando envía una invitación para Asistencia Remota en un mensaje de correo electrónico, puede especificar cuándo desea que esta expire y la contraseña que la otra persona debe introducir para conectarse a su computadora.

Especificar una fecha de expiración y una contraseña para la invitación protege su computadora de acceso no autorizado.

Cuando especifique una contraseña, no use su nombre, su nombre de usuario o una palabra común. Asegúrese de que la contraseña contenga al menos siete caracteres y de que contenga letras, números y símbolos. Debe decirle a la otra persona la contraseña especificada.

OBTENER ASISTENCIA REMOTA (CONTINUACIÓN)

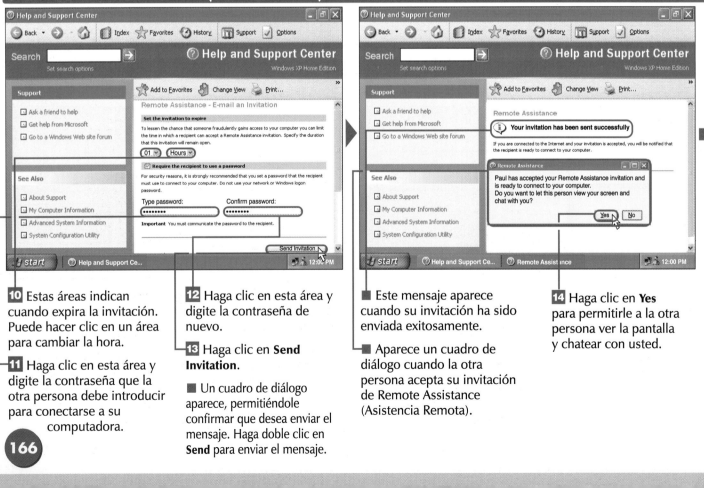

10 Estas áreas indican cuando expira la invitación. Puede hacer clic en un área para cambiar la hora.

11 Haga clic en esta área y digite la contraseña que la otra persona debe introducir para conectarse a su computadora.

12 Haga clic en esta área y digite la contraseña de nuevo.

13 Haga clic en **Send Invitation**.

■ Un cuadro de diálogo aparece, permitiéndole confirmar que desea enviar el mensaje. Haga doble clic en **Send** para enviar el mensaje.

■ Este mensaje aparece cuando su invitación ha sido enviada exitosamente.

■ Aparece un cuadro de diálogo cuando la otra persona acepta su invitación de Remote Assistance (Asistencia Remota).

14 Haga clic en **Yes** para permitirle a la otra persona ver la pantalla y chatear con usted.

¿Qué mostrará la pantalla de la
computadora de la otra persona?

Una vez que le permite a
la persona ver la pantalla
de su computadora y
chatear con usted,
aparece la ventana
Remote Assistance en
la pantalla de la otra
persona.

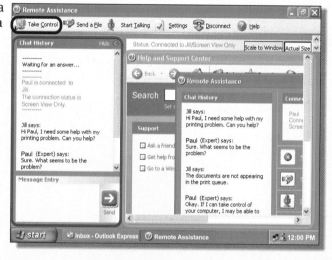

Chat

Esta área muestra la
conversación actual y
un área que le permite
a la otra persona
enviarle un mensaje.

**La Pantalla de su
Computadora**

Esta área muestra la
pantalla de su
computadora. La pantalla
muestra las tareas que
usted o la otra persona
están realizando.

Take Control

La otra persona puede
hacer clic en **Take
Control** para pedirle
permiso de controlar
su computadora.

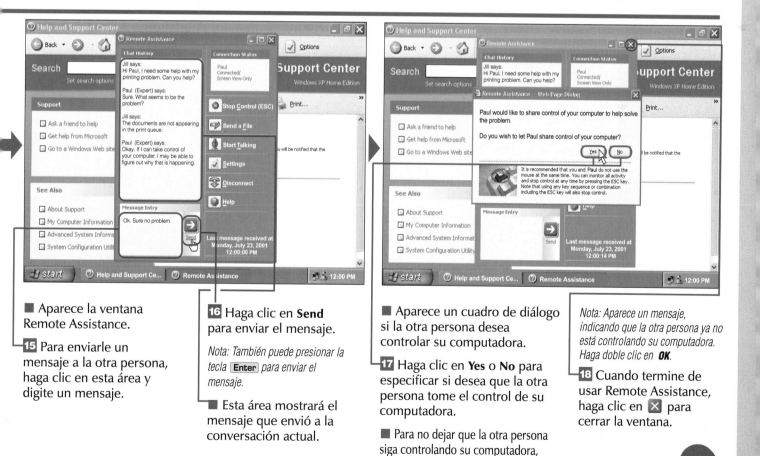

■ Aparece la ventana
Remote Assistance.

15 Para enviarle un
mensaje a la otra persona,
haga clic en esta área y
digite un mensaje.

16 Haga clic en **Send**
para enviar el mensaje.

*Nota: También puede presionar la
tecla* `Enter` *para enviar el
mensaje.*

■ Esta área mostrará el
mensaje que envió a la
conversación actual.

■ Aparece un cuadro de diálogo
si la otra persona desea
controlar su computadora.

17 Haga clic en **Yes** o **No** para
especificar si desea que la otra
persona tome el control de su
computadora.

■ Para no dejar que la otra persona
siga controlando su computadora,
presione la tecla `Esc`.

*Nota: Aparece un mensaje,
indicando que la otra persona ya no
está controlando su computadora.
Haga doble clic en* **OK**.

18 Cuando termine de
usar Remote Assistance,
haga clic en ☒ para
cerrar la ventana.

CAPÍTULO 8

TRABAJAR EN UNA RED

Una red es un grupo de computadoras conectadas. Este capítulo le enseña a compartir información e impresoras en una red, además de instalar su propia red casera.

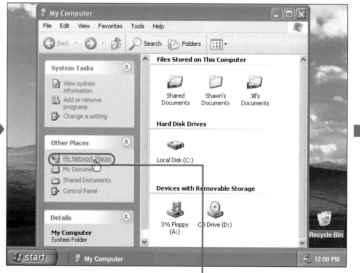

Entorno de Red

Puede usar My Network Places para explorar la información disponible en su red.

Puede trabajar con los archivos disponibles en su red del mismo modo que lo haría con los archivos guardados en su propia computadora.

1 Haga clic en **start** para abrir el menú Start.

2 Haga clic en **My Computer** para ver el contenido de su computadora.

■ Si My Network Places aparece en el menú Start, haga clic en **My Network Places** y, luego, salte al paso **4**.

■ La ventana My Computer aparece.

3 Haga clic en **My Network Places** para explorar a través de la información disponible en su red.

SIMPLIFÍQUESE

¿Por qué ya no puedo acceder a una carpeta de mi red?

Usted ya no podrá acceder a una carpeta de la red si la computadora que la almacena está apagada o si el dueño de esta interrumpe el uso compartido.

SIMPLIFÍQUESE

¿Dos personas en una red pueden trabajar en el mismo archivo a la vez?

La mayoría de los programas, como los procesadores de palabras, solo permiten que una persona a la vez realice cambios. Otros programas, como las bases de datos, permiten que varios individuos en una red realicen cambios en el archivo al mismo tiempo.

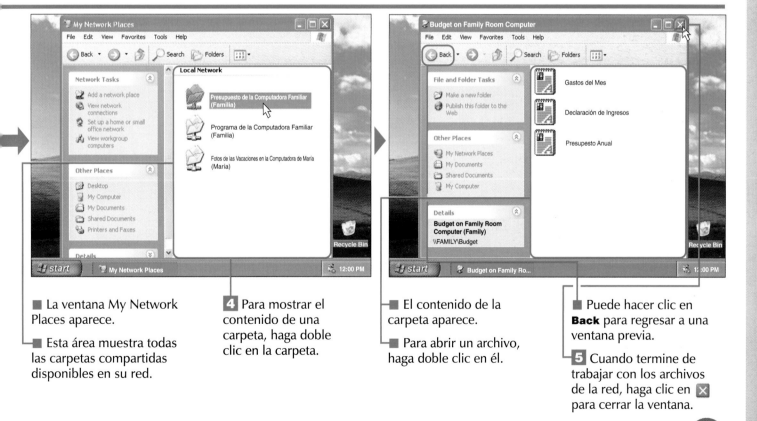

■ La ventana My Network Places aparece.

■ Esta área muestra todas las carpetas compartidas disponibles en su red.

4 Para mostrar el contenido de una carpeta, haga doble clic en la carpeta.

■ El contenido de la carpeta aparece.

■ Para abrir un archivo, haga doble clic en él.

■ Puede hacer clic en **Back** para regresar a una ventana previa.

5 Cuando termine de trabajar con los archivos de la red, haga clic en 🗙 para cerrar la ventana.

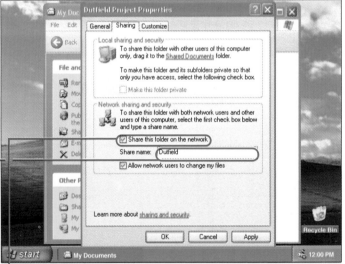

Puede especificar la información de la computadora que desea compartir con otras personas de la red.

Compartir información es útil cuando la gente de la red necesita acceder a los mismos archivos.

COMPARTIR INFORMACIÓN

1 Haga clic en la carpeta que desea compartir con otras personas de su red.

2 Haga clic en **Share this folder**.

■ Aparece un cuadro de díalogo de Properties.

3 Haga clic en esta opción para compartir la carpeta con otras personas de la red (☐ cambia a ☑).

4 Esta área muestra el nombre de la carpeta que las personas verán en la red. Para cambiar el nombre de la carpeta, arrastre el ☐ del mouse sobre el nombre actual y digite el nuevo.

Nota: Al cambiar el nombre de la carpeta no se cambia el nombre de la carpeta de su computadora.

¿Qué debo considerar antes de compartir la información de mi computadora?

Antes de que pueda compartir información de su computadora con otras personas de la red, su computadora debe estar conectada a la red. Para ello, refiérase a la página 176.

Cuando conecte su computadora a una red, Windows comparte automáticamente la carpeta Shared Documents. Para más información sobre esta carpeta, refiérase a la página 126.

¿Cómo puedo compartir una carpeta localizada en mi escritorio?

1 Para compartir una carpeta localizada en el escritorio, haga clic derecho en ella. Aparece un menú.

2 Haga clic en **Sharing and Security**. Luego, realice los pasos del **3** al **6** descritos abajo.

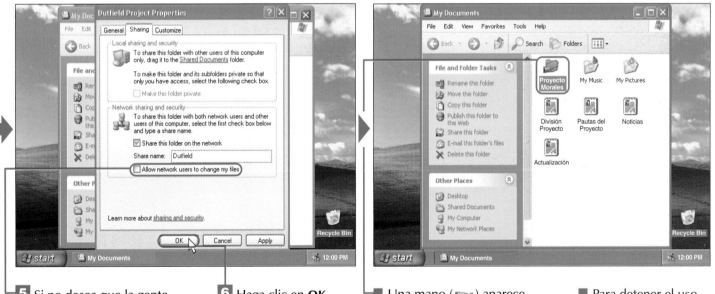

5 Si no desea que la gente de la red realice cambios en los archivos o en la carpeta, haga clic en esta opción (☑ cambia a ☐).

6 Haga clic en **OK** para compartir la carpeta.

■ Una mano (☝) aparece debajo del icono de la carpeta compartida.

■ Todos los individuos conectados a la red podrán acceder a los archivos ubicados dentro de la carpeta compartida.

■ Para detener el uso compartido de una carpeta, realice los pasos del **3** (☑ cambia a ☐ en el paso **3**). Luego realice el paso **6**.

COMPARTIR UNA IMPRESORA

Puede compartir su impresora con otras personas de la red. Al realizar esto, permite que los demás utilicen su misma impresora.

Compartir una impresora le permite a los individuos y a las compañías ahorrar dinero pues varias personas pueden usar una misma impresora a través de una red.

Para compartir una impresora en una red, su computadora debe estar conectada a una. Para hacer esto, refiérase a la página 176.

COMPARTIR UNA IMPRESORA

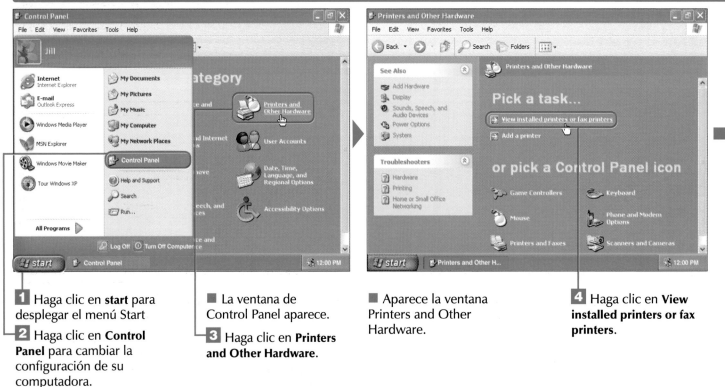

1 Haga clic en **start** para desplegar el menú Start

2 Haga clic en **Control Panel** para cambiar la configuración de su computadora.

■ La ventana de Control Panel aparece.

3 Haga clic en **Printers and Other Hardware**.

■ Aparece la ventana Printers and Other Hardware.

4 Haga clic en **View installed printers or fax printers**.

¿Cómo puedo saber si mi impresora
está compartida?

En la ventana Printers and Faxes, aparece
una mano ( ) junto al icono de la
impresora compartida. Windows ya puede
haber compartido su impresora desde que
conectó la computadora a la red o desde que
instaló la impresora. Asegúrese de que tanto
la computadora como la impresora están
encendidas cuando los demás necesiten
hacer uso
de ellas.

¿Cómo detengo el uso compartido de
una impresora?

Cuando ya no desee que las personas de la
red usen su impresora, puede detener su uso
compartido. Realice los pasos del 1 al 10
descritos abajo, pero en el paso 7 seleccione
Do not share this printer.

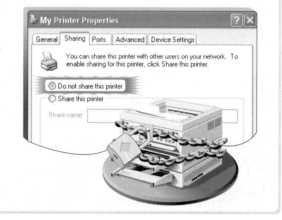

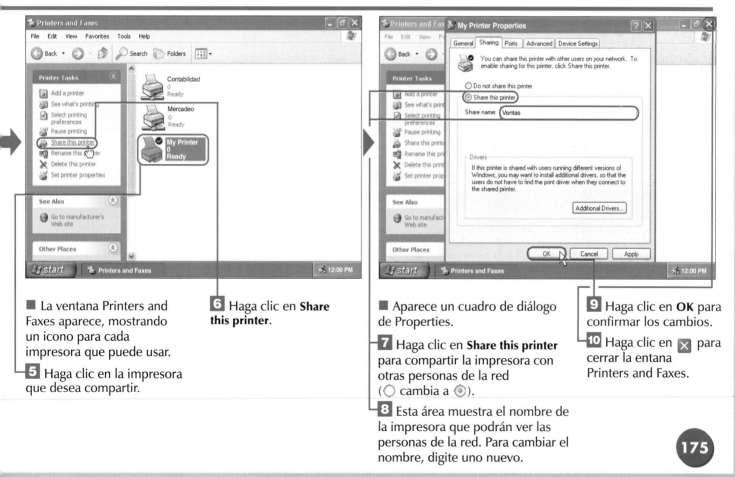

■ La ventana Printers and
Faxes aparece, mostrando
un icono para cada
impresora que puede usar.

5 Haga clic en la impresora
que desea compartir.

6 Haga clic en **Share
this printer**.

■ Aparece un cuadro de diálogo
de Properties.

7 Haga clic en **Share this printer**
para compartir la impresora con
otras personas de la red
(cambia a).

8 Esta área muestra el nombre de
la impresora que podrán ver las
personas de la red. Para cambiar el
nombre, digite uno nuevo.

9 Haga clic en **OK** para
confirmar los cambios.

10 Haga clic en para
cerrar la entana
Printers and Faxes.

175

INSTALAR UNA RED CASERA

Si tiene más de una computadora en casa, puede instalar una red, de modo que las computadoras puedan intercambiar información y compartir equipo.

Compartir información

Una red le permite trabajar con la información almacenada en otras computadoras de su red. El uso compartido de la información es útil cuando las personas de una red está trabajando juntos en un proyecto y necesitan acceder a los mismos archivos.

Compartir equipo

Una red le permite a varias computadoras compartir equipo (una impresora, por ejemplo). Compartir equipos le permite ahorrar dinero ya que varias personas de la red pueden usar el mismo equipo.

Compartir una conexión a Internet

Puede configurar una computadora para que comparta su conexión a Internet con las otras computadoras de la red. Todas las computadoras de la red puede usar la conexión compartida para acceder a Internet al mismo tiempo. La computadora que comparte su conexión a Internet debe estar encendida cuando las demás computadoras desean acceder a la Internet.

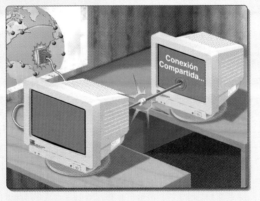

Quizás su Proveedor de Servicios de Internet (ISP, según si sigla en inglés) la compañía que le brinda acceso a Internet, le cobre más por permitir el uso compartido de una conexión a Internet o es posible que, del todo, no lo permita.

Proteger su red

Cuando instale una red, Windows establecerá barreras de protección ("firewalls"), un software que comparte su conexión a Internet y que está diseñado para proteger su red de acceso no autorizado cuando las computadoras de la red están conectadas a Internet.

Utilizar juegos para varias personas

Muchos juegos le permiten a varias personas en una red o en Internet competir entre sí. Puede obtener juegos para varias personas en tiendas especializadas o en Internet.

HARDWARE DE REDES

Necesita instalar y configurar el hardware de la red para permitirle a las computadoras de la red comunicarse entre sí.

Tarjetas de Interfaz de Redes

La mayoría de las redes usan Tarjetas de Interfaz de Redes (NIC, según la sigla en inglés) para conectarse a las demás computadoras de la red y controlar el flujo de información entre ellas. Una NIC, generalmente, está instalada dentro de la computadora.

Cables

Los cables conectan a cada computadora físicamente a la red.

Computadoras

Necesitará dos o más computadoras para instalar una red. Una computadora de su red debe operar con Windows XP, las demás pueden utilizar Windows XP Windows Me o Windows 98.

Dispositivo de Conexión a Internet

Si desea que todas las computadoras de su red compartan una conexión a Internet, una computadora de la red necesitará un dispositivo, como un módem, para conectarse a Internet. La computadora que comparte su conexión a Internet debe utilizar Windows XP.

Hub (Central)

Una red puede requerir un "hub", el cual proporciona una localización central donde se encuentran todos los cables de la red.

177

Windows proporciona el asistente Network Setup Wizard, que lo llevará paso por paso a través del proceso de conectar una o más computadoras en una red casera.

Debe ejecutar el Network Setup Wizard en cada computadora que desee conectar a su red casera. Si las computadoras de su red compartirán una conexión a Internet, debe ejecutar el asistente en la computadora que ya tiene configurada la conexión.

INSTALAR UNA RED CASERA

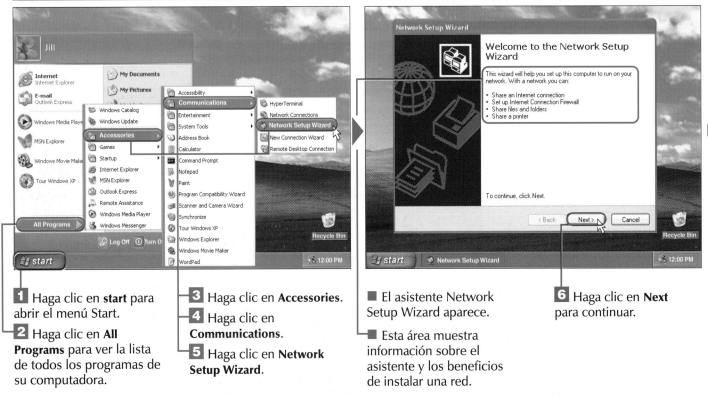

1 Haga clic en **start** para abrir el menú Start.

2 Haga clic en **All Programs** para ver la lista de todos los programas de su computadora.

3 Haga clic en **Accessories**.

4 Haga clic en **Communications**.

5 Haga clic en **Network Setup Wizard**.

■ El asistente Network Setup Wizard aparece.

■ Esta área muestra información sobre el asistente y los beneficios de instalar una red.

6 Haga clic en **Next** para continuar.

¿Cuáles son las formas más comunes a través de las cuales una computadora se conecta a través de una red casera?

Necesita seleccionar en el paso **8** (abajo) la forma en que la computadora se conecta a Internet. Estas son las dos formas más comunes.

Esta computadora se conecta directamente a Internet. Las otras computadoras de mi red se conectan a Internet a través de esta computadora.

Esta computadora se conecta a Internet a través de otra computadora de mi red por medio de "gateway" residente. El gateway residente es un dispositivo de hardware que conecta la red a Internet y, generalmente, ofrece una conexión de alta velocidad.

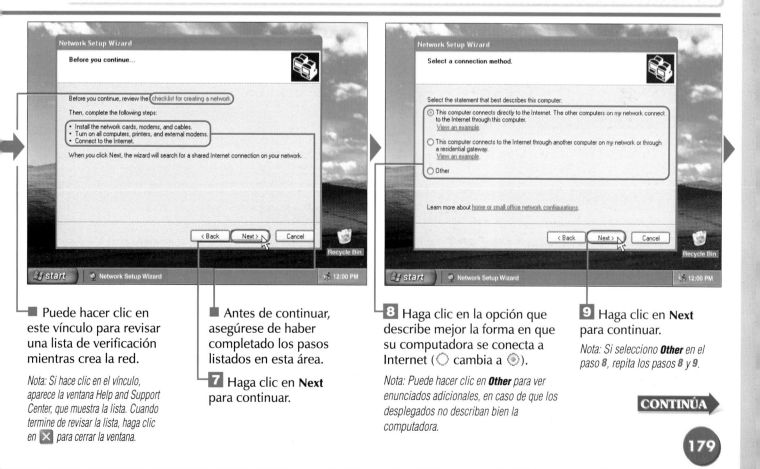

■ Puede hacer clic en este vínculo para revisar una lista de verificación mientras crea la red.

Nota: Si hace clic en el vínculo, aparece la ventana Help and Support Center, que muestra la lista. Cuando termine de revisar la lista, haga clic en ✕ para cerrar la ventana.

■ Antes de continuar, asegúrese de haber completado los pasos listados en esta área.

7 Haga clic en **Next** para continuar.

8 Haga clic en la opción que describe mejor la forma en que su computadora se conecta a Internet (○ cambia a ◉).

*Nota: Puede hacer clic en **Other** para ver enunciados adicionales, en caso de que los desplegados no describan bien la computadora.*

9 Haga clic en **Next** para continuar.

*Nota: Si selecciono **Other** en el paso **8**, repita los pasos **8** y **9**.*

CONTINÚA ▶

INSTALAR UNA RED CASERA

> Cuando conecte una computadora a la red, necesitará darle a la computadora una descripción, el nombre de la computadora y del grupo de trabajo.

Grupo de Trabajo:
HOGAR

Descripción:
COMPUTADORA FAMILIAR

Nombre de la Computadora:
FAMILIA

El nombre de la computadora identifica a la computadora de su red. El nombre del grupo de trabajo identifica al grupo de computadoras de la red a la cual pertenece la computadora.

INSTALAR UNA RED CASERA (CONTINUACION)

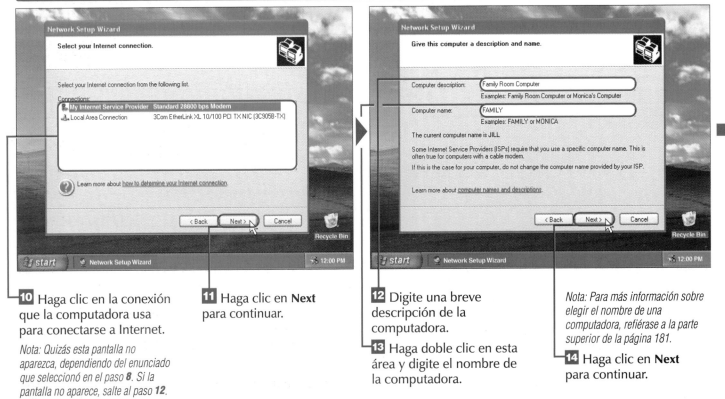

10 Haga clic en la conexión que la computadora usa para conectarse a Internet.

Nota: Quizás esta pantalla no aparezca, dependiendo del enunciado que seleccionó en el paso 8. Si la pantalla no aparece, salte al paso 12.

11 Haga clic en **Next** para continuar.

12 Digite una breve descripción de la computadora.

13 Haga doble clic en esta área y digite el nombre de la computadora.

Nota: Para más información sobre elegir el nombre de una computadora, refiérase a la parte superior de la página 181.

14 Haga clic en **Next** para continuar.

¿Qué debo considerar al elegir el nombre de una computadora?

> Cada computadora de su red debe tener un nombre diferente.

> El nombre de una computadora puede contener hasta 15 caracteres.

> El nombre de una computadora no debe contener los caracteres ; : , " < > * + = \ | o ?.

> Su Proveedor de Servicios de Internet (ISP), que es la compañía que le da acceso a Internet, puede pedirle usar un nombre específico para la computadora que comparte la conexión a Internet. Si esto ocurre con su ISP, asegúrese de usar el nombre especificado por este.

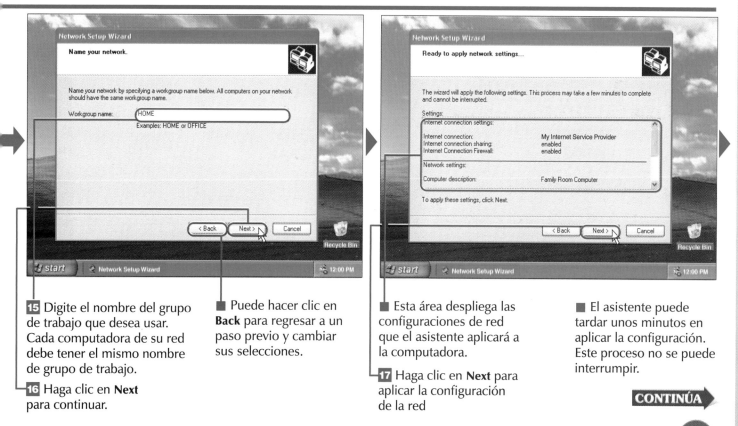

15 Digite el nombre del grupo de trabajo que desea usar. Cada computadora de su red debe tener el mismo nombre de grupo de trabajo.

16 Haga clic en **Next** para continuar.

■ Puede hacer clic en **Back** para regresar a un paso previo y cambiar sus selecciones.

■ Esta área despliega las configuraciones de red que el asistente aplicará a la computadora.

17 Haga clic en **Next** para aplicar la configuración de la red

■ El asistente puede tardar unos minutos en aplicar la configuración. Este proceso no se puede interrumpir.

CONTINÚA

INSTALAR UNA RED CASERA

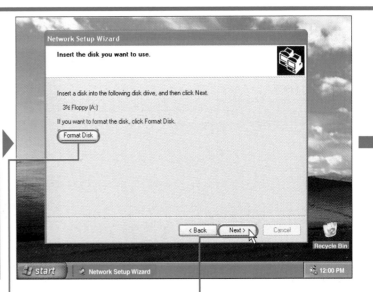

Disco de Intalación de Red

Windows 98

Windows Me

Necesita especificar como desea instalar las computadoras de la red que usan Windows 98 ó Windows Me.

Para configurar otras computadoras que operan con Windows 98 ó Windows Me, usted puede crear un disco de instalación de redes (Network Setup) o usar el CD utilizado para instalar Windows XP.

Para instalar otras computadoras que utilizan Windows XP, realice en cada computadora los pasos que inician en la página 178.

INSTALAR UNA RED CASERA (CONTINUACION)

18 Haga clic en una opción para especificar la tarea que desea realizar para conectar otras computadoras a la red (○ cambia a ◉).

19 Haga clic en **Next** para continuar.

Nota: Si eligió usar el disco de instalación de redes (Network Setup) que ya posee o el CD de Windows XP, salte al paso 22. Si eligió simplemente completar el asistente, salte al paso 24.

20 Inserte un disquete en blanco formateado en la unidad de disquetes.

■ Si está utilizando un disquete sin formatear o si el disco contiene algún archivo, puede formatearlo haciendo clic en **Format Disk**.

Nota: Al formatear el disco se elimina permanentemente toda la información del disco.

21 Haga clic en **Next** para continuar.

¿Cuáles recursos puedo compartir en mi red?

Después de instalar la red, puede compartir carpetas y la impresora a través de la red. El asistente Network Setup Wizard comparte automáticamente su carpeta Shared Documents y su impresora. Para más información sobre la carpeta Shared Documents, refiérase a la página 172. Para más información sobre las impresoras y carpetas compartidas, refiérase a la página 174.

¿Cómo puedo ver todas las carpetas que están compartidas en mi red?

Puede usar **My Network Places** para acceder a todas las carpetas que son compartidas por su computadora y por otras computadoras de la red. Para usar My Network Places, refiérase a la página 170.

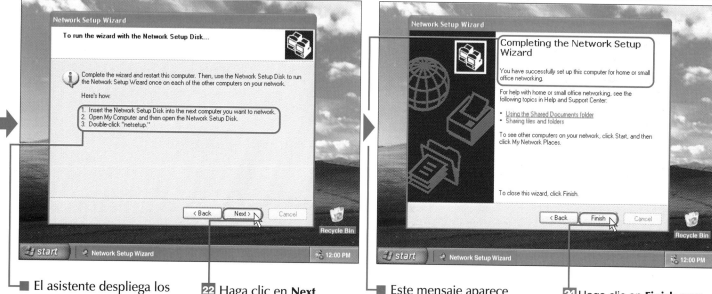

■ El asistente despliega los pasos necesitados para llevar a cabo la instalación de otras computadoras de la red. Los pasos desplegados dependen de la opción seleccionada en el paso **18**.

22 Haga clic en **Next** para continuar.

■ Este mensaje aparece cuando ha instalado exitosamente la computadora en la red

23 Si creó un disco de instalación de redes (Network Setup) saque el disquete de la unidad.

24 Haga clic en **Finish** para cerrar el asistente.

■ Quizás aparezca un mensaje, indicando que debe reiniciar la computadora antes de que las nuevas configuraciones tengan efecto. Haga clic en **Yes** para reiniciar la computadora.

CAPÍTULO 9

EXPLORAR LA WEB

Este capítulo explica cómo funciona la World Wide Web y cómo transferir información a su computadora desde sitios Web de todo el mundo.

La World Wide Web es parte de la Internet y consiste en una inmensa colección de documentos almacenados en computadoras alrededor del mundo. La World Wide Web es comunmente llamada la Web.

Servidor Web

Un servidor Web es una computadora que almacena páginas Web y hace que las páginas estén disponibles en la Web para que las vean otras personas.

Página Web

Una página Web es un documento en la Web. Las páginas Web pueden incluir texto, imágenes, sonidos y video. Usted puede encontrar páginas Web sobre cualquier tema que se imagine. Las páginas Web pueden ofrecer información como artículos de revistas y periódicos, cortos de películas, recetas, obras de Shakespeare, horarios de aerolíneas y más.

URL

Cada página Web tiene su dirección única, llamada Uniform Resource Locator (Localizador de Recurso Uniforme) conocida como URL. Usted puede desplegar cualquier página Web si conoce su URL.

Sitio Web

Un sitio Web es una colección de páginas Web creadas y mantenidas por una universidad, agencia de gobierno, compañía, organización o personas.

El navegador de la Web

Un Navegador de Internet es un programa que le permite ver y explorar información en la Web. Windows XP viene con el navegador de Web Internet Explorer de Microsoft.

Vínculos

Las páginas Web contienen vínculos, los cuales son textos o imágenes resaltados en una página Web que se conectan a otras páginas Web. Puede seleccionar un vínculo para mostrar una página Web localizada en la misma computadora o en una computadora a través de la ciudad, el país o el mundo. Los vínculos son también conocidos como hipervínculos.

Los vínculos le permiten navegar fácilmente a través de una cantidad inmensa de información saltando de una página Web a otra. Esto es conocido como "explorar la Web".

Conectarse a Internet

La mayoría de la gente se conecta a Internet usando una compañía, el Proveedor de Servicios de Internet (PSI). Una vez que paga a su PSI para conectarse a Internet, puede ver e intercambiar información por Internet sin cargos adicionales.

La mayoría de personas usan un módem para conectarse a Internet, aunque los modems de cable y los modems Digital Subscriber Line (DSL) se están volviendo más populares. La mayoría de colegios y negocios se conectan a Internet a través de una conexión de red.

Puede iniciar Internet Explorer para examinar la información de la Web.

La primera vez que inicie Internet Explorer, el asistente New Connection Wizard aparece, de no haber instalado aún su conexión a Internet. Siga las instrucciones del asistente para establecer su conexión a Internet.

INICIAR INTERNET EXPLORER

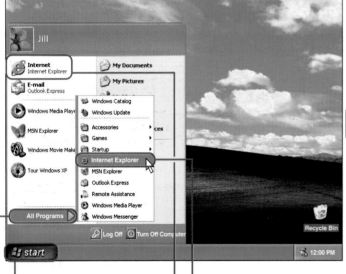

1 Haga clic en **start** para desplegar el menú Start.

2 Haga clic en **All Programs** para ver la lista de los programas de su computadora.

3 Haga clic en **Internet Explorer**.

■ Si Internet Explorer es su navegador de **Internet** predeterminado, entonces puede hacer clic en Internet en lugar de realizar los pasos **2** y **3**.

■ La ventana Microsoft Internet Explorer aparece, mostrando su página principal de algún sitio Web.

Nota: Si no está actualmente conectado a la Internet, entonces aparecerá una ventana de diálogo que le permite conectarse.

4 Cuando termine de explorar la información de la Web, haga clic en ⊠ para cerrar la ventana de Microsoft Internet Explorer.

Un vínculo conecta un texto o una imagen de una página de Web a otra. Cuando seleccione un texto o una imagen, la página Web conectada aparece.

Los vínculos le permiten navegar fácilmente a través de una cantidad inmensa de información saltando de una página Web a otra. Los vínculos son también conocidos como hipervínculos.

SELECCIONAR UN VINCULO

1 Sitúe el mouse ⬚ sobre una palabra resaltada o una imagen de interés. El mouse ⬚ se convierte en una mano 🖑cuando se halla sobre un vínculo.

■ Esta área muestra la dirección de la página Web a la que el vínculo lo llevará.

2 Haga clic en la palabra o la imagen para desplegar la página Web conectada.

■ La página Web conectada aparece.

■ Esta área muestra el progreso de la transferencia.

■ Esta área muestra el título de la página Web.

■ Esta área muestra la dirección de la página Web.

Puede abrir cualquier página Web acerca de la cual haya oído o leído.

Visítelo
www.sunkist.com

Necesita saber la dirección de la página Web que desea ver. Cada página Web tiene una única dirección, llamada Localizador Uniforme de Recursos (URL).

DESPLEGAR UNA PÁGINA WEB ESPECÍFICA

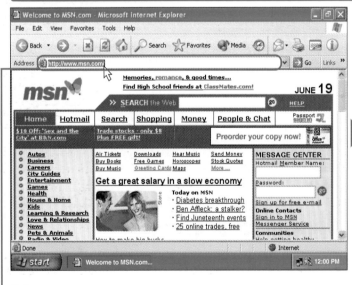

1 Haga clic en este contorno para resaltar la dirección actual de la página Web.

2 Digite la dirección de la página Web que desea desplegar y luego presione la tecla `Enter`.

*Nota: No necesita digitar **http://** al digitar la dirección de una página Web. Por ejemplo, no necesita digitar **http://** delante de www.walmart.com.*

■ Esta área muestra el progreso de la transferencia.

■ La página Web aparece en su pantalla.

SIMPLIFÍQUESE

¿Cuáles son algunas páginas Web populares que puedo abrir?

Página Web	Direcciones Página Web
Amazon.com	www.amazon.com
CBS SportsLine.com	www.sportsline.com
CNN.com	www.cnn.com
Cooking.com	www.cooking.com
Discovery.com	www.discovery.com
eBay	www.ebay.com
Encyclopedia.com	www.encyclopedia.com
HowStuffWorks	www.howstuffworks.com
Lonely Planet Online	www.lonelyplanet.com
maranGraphics	www.maran.com
Monster.com	www.monster.com
MP3.com	www.mp3.com
NASA	www.nasa.gov
Quote.com	www.quote.com
Weather.com	www.weather.com

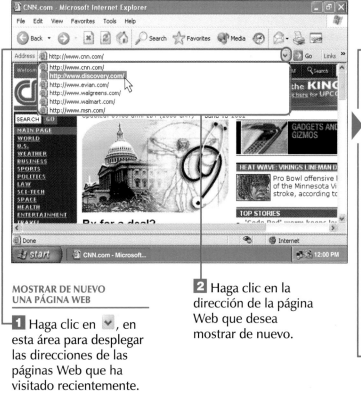

MOSTRAR DE NUEVO UNA PÁGINA WEB

■1 Haga clic en 🔽, en esta área para desplegar las direcciones de las páginas Web que ha visitado recientemente.

■2 Haga clic en la dirección de la página Web que desea mostrar de nuevo.

■ La página Web que seleccionó aparece en su pantalla.

MOSTRAR DE NUEVO RÁPIDAMENTE UNA PÁGINA WEB

■1 Si empieza a digitar la dirección de una página Web que haya visitado recientemente, automáticamente, aparece una lista de direcciones concordantes.

■2 Haga clic en la dirección de la página Web que quiere mostrar de nuevo.

DETENER LA TRANSFERENCIA DE UNA PÁGINA WEB

Si una página Web tarda mucho en aparecer en su pantalla, puede detener la transferencia de la página.

También puede detener la transferencia de una página Web si se percata de que una página contiene información que no le interesa.

DETENER LA TRANSFERENCIA DE UNA PÁGINA WEB

■ Este icono se anima cuando una página Web se está transfiriendo a su computadora.

■ Esta área muestra el progreso de la transferencia.

1 Haga clic en 🔲 para detener la transferencia de la página Web.

■ Si detuvo la transferencia de la página Web porque esta tardaba mucho en aparecer, es posible que desee intentar abrir la página posteriormente.

Fácilmente, puede moverse hacia atrás y hacia adelante por las páginas Web que ha mirado desde que inició por última vez Internet Explorer.

MOVERSE A TRAVÉS DE LAS PÁGINAS WEB

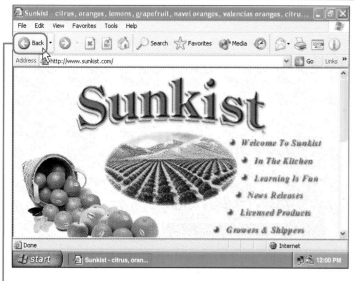

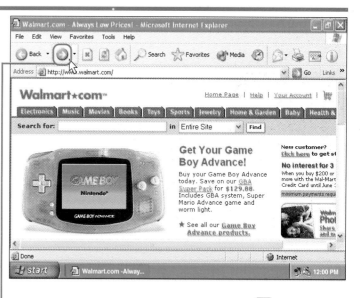

MOVERSE HACIA ATRÁS

1 Haga clic en **Back** para regresar a la última página Web que vio.

Nota: El botón Back está disponible solo si ha visitado más de una página Web desde que inició Internet Explorer por última vez.

MOVERSE HACIA ADELANTE

1 Haga clic en 🔘 para moverse hacia adelante a través de las páginas Web que ha visitado.

Nota: El botón 🔘 solo está disponible después de que haya usado el botón Back para regresar a una página Web.

Puede desplegar y cambiar la página Web que aparece cada vez que inicie Internet Explorer. Esta página se llama la página de inicio.

DESPLEGAR Y CAMBIAR SU PÁGINA PRINCIPAL

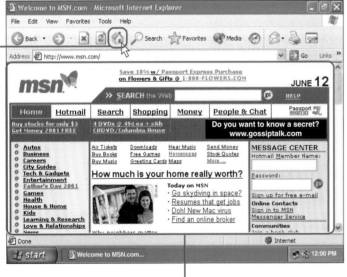

DESPLEGAR SU PÁGINA PRINCIPAL

1 Haga clic en para abrir su página principal.

■ Su página principal aparece.

Nota: Su página principal puede ser diferente de la página principal mostrada arriba.

CAMBIAR SU PÁGINA PRINCIPAL

1 Abra la página Web que desea establecer como página principal.

Nota: Para abrir una página Web específica, refiérase a la página 190.

2 Haga clic en **Tools**.

3 Haga clic en **Internet Options**.

¿Cuál página Web debo establecer como mi página principal?

Puede colocar cualquier página de la Web como su página principal. La página que escoja debe ser una página que desee visitar frecuentemente. Es posible que desee elegir una página que provea un buen punto de partida para explorar la Web, como www.yahoo.com, o una página que aporte información sobre sus intereses personales o laborales.

¿Cómo puedo usar otra vez mi página principal original?

Para usar de nuevo su página principal original, realice los pasos del 1 al 5 empezando en la página 254, pero seleccione **Use Default** en el paso 4. En la mayoría de los casos, la página Web del www.msn.com es la página principal original.

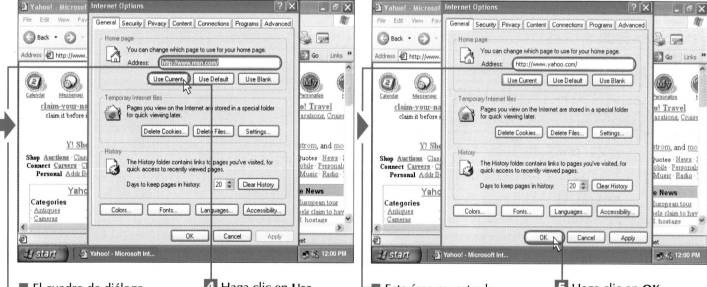

■ El cuadro de diálogo Internet Options aparece.

■ Este área muestra la dirección de su página principal actual.

4 Haga clic en **Use Current** para establecer la página Web mostrada en su pantalla como su nueva página principal.

■ Esta área muestra la dirección de su nueva página principal.

5 Haga clic en **OK** para confirmar su cambio.

Puede ir en busca de páginas Web que aborden temas de interés para usted.

Internet Explorer usa la herramienta de búsqueda MSN para ayudarle a encontrar páginas Web. Una herramienta de búsqueda es un servicio de Internet que cataloga páginas Web para ayudarle a encontrar páginas de interés.

BUSCAR EN LA WEB

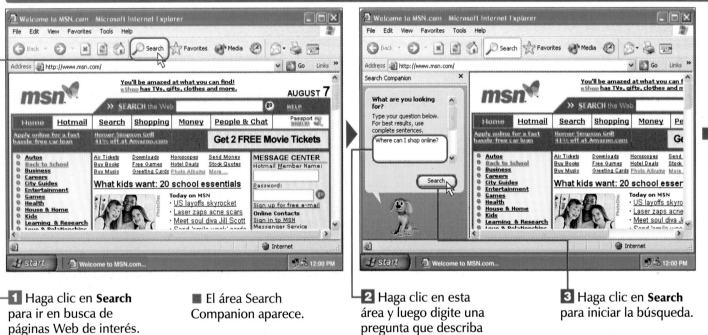

1 Haga clic en **Search** para ir en busca de páginas Web de interés.

■ El área Search Companion aparece.

2 Haga clic en esta área y luego digite una pregunta que describa la información que desea buscar.

3 Haga clic en **Search** para iniciar la búsqueda.

¿Hay otra forma de buscar
información en la Web?

Sí. Muchos sitios Web le permiten buscar
información en la Web. Estos sitios Web también
le permiten examinar categorías variadas (como

noticias, deportes y entretenimiento) para
encontrar páginas Web de interés. Aquí hay
algunos sitios Web populares que le permiten
buscar información en la Web.

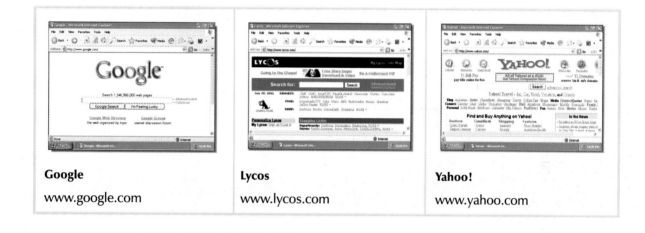

Google

www.google.com

Lycos

www.lycos.com

Yahoo!

www.yahoo.com

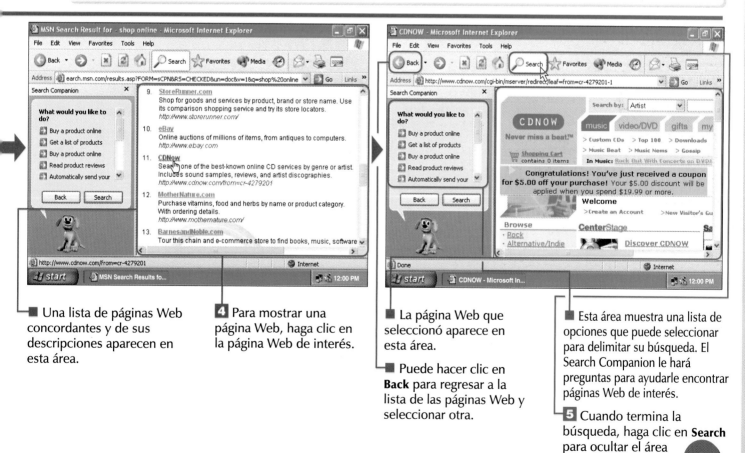

■ Una lista de páginas Web
concordantes y de sus
descripciones aparecen en
esta área.

4 Para mostrar una
página Web, haga clic en
la página Web de interés.

■ La página Web que
seleccionó aparece en
esta área.

■ Puede hacer clic en
Back para regresar a la
lista de las páginas Web y
seleccionar otra.

■ Esta área muestra una lista de
opciones que puede seleccionar
para delimitar su búsqueda. El
Search Companion le hará
preguntas para ayudarle encontrar
páginas Web de interés.

5 Cuando termina la
búsqueda, haga clic en **Search**
para ocultar el área
Search Companion.

AGREGAR UNA PÁGINA WEB A LOS FAVORITOS

Puede usar la característica Favorites para crear una lista de páginas Web que visite frecuentemente. La característica Favorites le permite rápidamente abrir una página Web favorita en cualquier momento.

Seleccionar páginas Web de su lista de favoritos le evita tener que recordar y escribir una y otra vez las mismas direcciones de las páginas.

AGREGAR UNA PÁGINA WEB A LOS FAVORITOS

1 Abra la página Web que desea agregar a su lista de páginas Web favoritas.

Nota: Para abrir una página Web específica, refiérase a la página 190.

2 Haga clic en **Favorites**.

3 Haga clic en **Add to Favorites**.

■ El cuadro de diálogo Add Favorite aparece.

■ El nombre de la página Web aparece en esta área.

4 Haga clic en **OK** para agregar la página Web a su lista de favoritos.

¿Agrega Internet Explorer automáticamente
páginas Web a mi lista de favoritos?

Sí. Internet Explorer automáticamente agrega la carpeta
Links y las siguientes páginas Web a su lista de favoritos.

La carpeta de vínculos

Contiene varias páginas Web útiles,
como la página Free Hotmail, la cual
le permite instalar y usar una cuenta
gratuita de correo electrónico.

MSN.com

Un sitio Web suministrado
por Microsoft que ofrece un
buen lugar de partida para
explorar la Web.

Guía de estaciones de radio

Le permite escuchar
estaciones de radio de todo
el mundo que transmiten a
través de Internet.

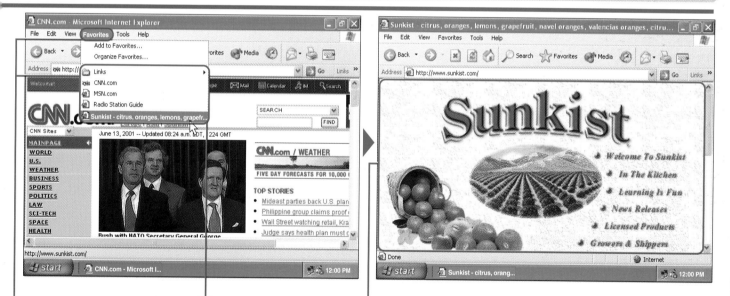

VISITAR UNA PAGINA WEB FAVORITA

1 Haga clic en **Favorites**.

■ Aparece la lista de sus
páginas Web favoritas.

*Nota: Si la lista entera no aparece, sitúe
el mouse ⅃ sobre la parte inferior del
menú para examinar la lista completa.*

2 Haga clic en una
página Web favorita que
desea visitar.

*Nota: Para abrir las páginas Web
favoritas de una carpeta, haga clic
en la carpeta (🗀) antes de
realizar el paso 2.*

■ La página Web favorita
que seleccionó aparece.

■ Puede repetir los
pasos 1 y 2 para visitar
otra página Web favorita.

CAPÍTULO 10

INTERCAMBIAR CORREO ELECTRÓNICO

Puede intercambiar mensajes de correo electrónico con amigos, familiares y colegas de todo el mundo. En este capítulo, aprenderá a leer y enviar mensajes, usar el libro de direcciones y más.

Puede iniciar Outlook Express para abrir y leer sus mensajes de correo electrónico.

José,

Los borradores para la campaña de publicidad están listos. ¿Estarás libre mañana a las 2:00 p.m. para discutirlos?

Carlos

Cuando utilice por primera vez Outlook Express, un asistente aparecerá si aún no ha establecido la conexión a Internet o su cuenta de correo electrónico. Siga las instrucciones que el asistente le indica para establecer la conexión a la Internet o a su cuenta de correo.

LEER MENSAJES

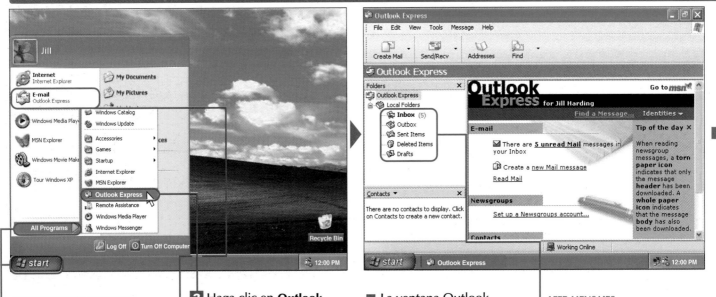

INICIAR OUTLOOK EXPRESS

1 Haga clic en **start** para desplegar el menú Start.

2 Haga clic en **All Programs** para ver la lista de programas de su computadora.

3 Haga clic en **Outlook Express**.

■ Si Outlook Express es el programa predefinido para correo electrónico, puede hacer clic en **E-mail** en lugar de realizar los pasos **2** y **3**.

■ La ventana Outlook Express aparece.

Si actualmente no está conectado a Internet, aparecerá un cuadro de diálogo que le permitirá hacerlo.

LEER MENSAJES

■ Esta área muestra las carpetas que contienen sus mensajes.

Nota: Un número entre paréntesis junto a una carpeta indica cuántos mensajes hay sin leer. El número desaparece una vez que haya leído todos los mensajes de la carpeta.

¿Cuáles carpetas usa Outlook Express
para almacenar mis mensajes?

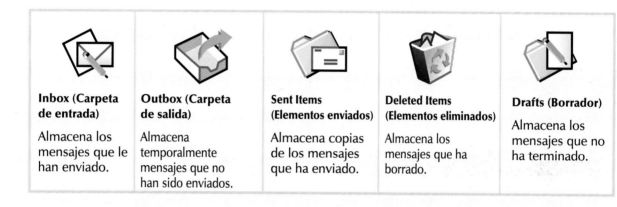

Inbox (Carpeta de entrada)

Almacena los mensajes que le han enviado.

Outbox (Carpeta de salida)

Almacena temporalmente mensajes que no han sido enviados.

Sent Items (Elementos enviados)

Almacena copias de los mensajes que ha enviado.

Deleted Items (Elementos eliminados)

Almacena los mensajes que ha borrado.

Drafts (Borrador)

Almacena los mensajes que no ha terminado.

1 Haga clic en la carpeta que contiene los mensajes que desea leer. La carpeta es destacada.

■ Esta área muestra los mensajes de la carpeta seleccionada. Los mensajes sin leer muestran una carpeta cerrada (✉) y aparecen en **negrita.**

2 Haga clic en el mensaje que desea leer.

■ Esta área muestra el contenido del mensaje.

BUSCAR NUEVOS MENSAJES

Cuando está conectado a Internet, Outlook Express revisa automáticamente los mensajes nuevos cada 30 minutos.

1 Para revisar inmediatamente los nuevos mensajes, haga clic en **Send/Recv**.

■ Cuando tenga nuevos mensajes, el icono de un nuevo correo electrónico (✉) aparecerá en esta área.

ENVIAR UN MENSAJE

> Puede enviar un mensaje para expresar una idea o información solicitada.

Para practicar el envío de un mensaje, puede auto enviarse un mensaje.

ENVIAR UN MENSAJE

1 Haga clic en **Create Mail** para enviar un nuevo mensaje.

■ La ventana New Message aparece.

2 Escriba la dirección de correo electrónico de la persona que recibirá el mensaje.

3 Para enviar una copia del mensaje a una persona que no está directamente involucrada pero que podría estar interesada en él, haga clic en esta área y escriba la dirección de correo electrónico de esta persona.

Nota: Para enviar el mensaje a más de una persona, separe cada dirección de correo electrónico con un punto y coma (;).

¿Cómo puedo expresar emociones
en mis mensajes?

Puede utilizar caracteres especiales,
llamados caritas sonrientes (smileys).
Estos caracteres parecen caras humanas
si se les voltea.

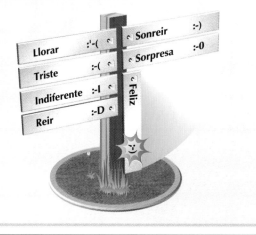

Llorar	:'-(	Sonreir	:-)
Triste	:-(	Sorpresa	:-0
Indiferente	:-I	Feliz	
Reir	:-D		

¿Qué debo tomar en cuenta al
enviar un mensaje?

UN MENSAJE ESCRITO EN
MAYÚSCULAS ES MOLESTO Y DIFÍCIL
DE LEER. ESTO ES CONOCIDO COMO
GRITAR. Siempre use letras mayúsculas
y minúsculas en sus mensajes.

¿CÓMO
ESTÁS?

4 Haga clic en esta
área y escriba el asunto
del mensaje.

5 Haga clic en
esta área y escriba
el mensaje.

6 Haga clic en **Send**
para enviar el mensaje.

■ Outlook Express envía
un mensaje y almacena
una copia de este en la
carpeta de Sent Items

1 Haga clic en el mensaje que desee responder.

2 Haga clic en la opción de respuesta que desee usar.

Reply
Envía la respuesta al autor del mensaje solamente.

Reply All
Envía la respuesta tanto al autor como a todos los que hayan recibido el mensaje original.

■ Aparece una ventana para que escriba su respuesta.

■ Outlook Express llena el área con la dirección o direcciones electrónicas del o los receptores.

■ Outlook Express también escribe el asunto, comenzando con **Re:**.

206

SIMPLIFÍQUESE

¿Cómo puedo ahorrar tiempo al escribir un mensaje?

Puede utilizar abreviaciones para algunas palabras y frases. Aquí hay algunas abreviaciones comunes.

Abreviación	Significado
Sr	Señor
Dr	Doctor
Lic	Licenciado
m	metros
q.d.D.g	que de Dios goce
a.h.	ad honorem
C.C.	con copia (copia al carbón
R.I.P.	descanse en paz (rest in peace)

Abreviación	Significado
Sra	señora
SSS	Su Seguro Servidor
S.A.	Sociedad anónima
LOL	"riéndome en voz alta"
ROTFL	"revolcándome de la risa"
OS	otro significado
WRT	"con respecto a"

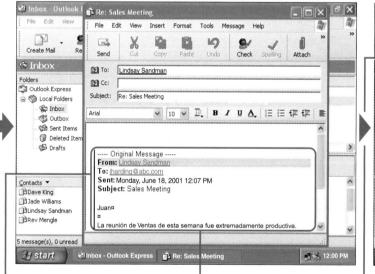

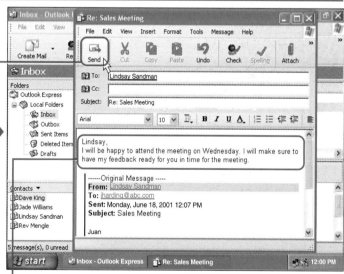

■ Outlook Express incluye una copia del mensaje original para ayudar al lector a identificar a cuál mensaje va dirigida la respuesta.

3 Para ahorrarle tiempo al lector, puede borrar todas las partes del mensaje original que no estén directamente relacionadas con la respuesta.

4 Haga clic en esta área y escriba su respuesta.

5 Haga clic en **Send** para enviar la respuesta.

■ Outlook Express almacena una copia del mensaje en la carpeta Sent Items.

REENVIAR UN MENSAJE

Julio,
¿Estarías interesado en ir?

La conferencia de Ventas se llevará a cabo el viernes

Enviar a:
Julio Mata

Después de leer el mensaje, puede agregar comentarios y reenviar el mensaje a un amigo, familiar o colega.

Reenviar un mensaje es útil cuando conoce a otra persona que estaría interesada en el mensaje.

REENVIAR UN MENSAJE

1 Haga clic en el mensaje que desee reenviar.

2 Haga clic en **Forward**.

■ Una ventana aparece, exhibiendo el contenido del mensaje que está reenviando.

3 Escriba el correo electrónico de la persona que recibirá el mensaje.

■ Outlook Express llena la información en el espacio de asunto, comenzando con **Fw:**.

4 Haga clic en esta área y escriba los comentarios sobre el mensaje que reenviará.

5 Haga clic en **Send** para reenviar el mensaje.

IMPRIMIR UN MENSAJE

Puede tener una copia en papel de cualquier mensaje.

Outlook Express imprime el número de páginas y el número total de páginas en la parte superior de cada hoja, y la fecha de impresión en la parte inferior.

IMPRIMIR UN MENSAJE

1 Haga clic en el mensaje que desee imprimir.

2 Haga clic en **Print** para imprimir el mensaje.

■ El cuadro de diálogo Print aparece.

3 Haga clic en **Print** para imprimir todo el mensaje.

Puede adjuntar un archivo a un mensaje. Esto es útil cuando desea incluir información extra.

De:

Para:

Asunto:

Cc:

¡Este año el torn... tuvo un gran éxito! Tuve la oportunidad de agradecer a todos los voluntarios que organizaron este fantástico evento. El ganador este año fue Oscar Castro. Tengo una fotografía adunta del momento del gane.

ADJUNTAR UN ARCHIVO A UN MENSAJE

1 Para crear un mensaje, siga los pasos del **1** al **5** de la página 204.

2 Haga clic en **Attach** para adjuntar el archivo al mensaje.

Nota: Si el botón Attach no aparece en la ventana, necesita maximizar la ventana para desplegar el botón. Para minimizar la ventana, refiérase a la página 9.

■ El cuadro de diálogo Insert Attachment aparece.

■ Esta área muestra la localización de los archivos desplegados. Puede hacer clic en esta área para cambiarla.

3 Haga clic en el nombre del archivo que desea adjuntar.

4 Haga clic en **Attach** para adjuntar el archivo.

¿Qué tipo de archivos puedo adjuntar al mensaje?

Puede adjuntar muchos tipos de archivos al mensaje, entre ellos documentos, dibujos, videos, sonidos y programas. La computadora receptora del mensaje deberá tener el hardware y software necesarios para desplegar o reproducir el archivo adjunto.

¿Puedo adjuntar un archivo extenso al mensaje?

La compañía que provee su cuenta de correo electrónico limitará el tamaño de los mensajes que puede recibir y enviar por Internet. La mayoría de las compañías no le permiten enviar mensajes que sobrepasen las 2 MB, lo cual también se aplica a los archivos adjuntos.

■ Esta área muestra el nombre y el tamaño del archivo seleccionado.

■ Para adjuntar archivos adicionales al mensaje, realice los pasos del 2 al 4 para cada archivo que desee anexar.

5 Haga clic en **Send** para enviar el mensaje.

■ Outlook Express enviará el mensaje y los archivos adjuntos a la dirección de correo electrónico que usted especificó.

Antes de abrir un archivo adjunto, asegúrese que provenga de alguien confiable. Algunos archivos pueden contener virus que pueden dañar la información de su computadora. Puede utilizar un programa antivirus, como McAfee Virus Scan, para verificar si el archivo tiene virus.

ABRIR UN ARCHIVO ADJUNTO

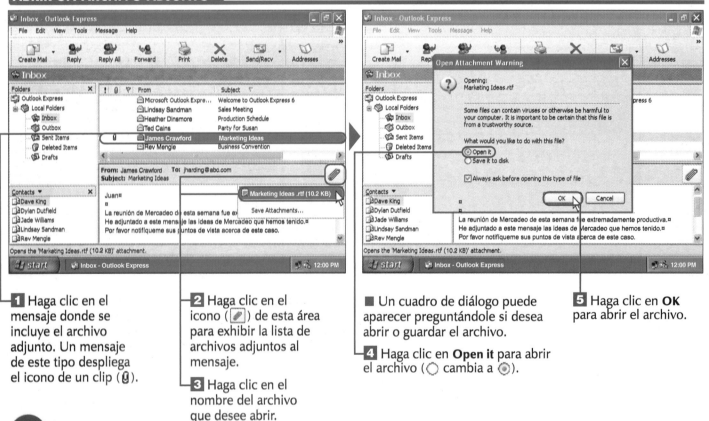

1 Haga clic en el mensaje donde se incluye el archivo adjunto. Un mensaje de este tipo despliega el icono de un clip (📎).

2 Haga clic en el icono (📎) de esta área para exhibir la lista de archivos adjuntos al mensaje.

3 Haga clic en el nombre del archivo que desee abrir.

■ Un cuadro de diálogo puede aparecer preguntándole si desea abrir o guardar el archivo.

4 Haga clic en **Open it** para abrir el archivo (○ cambia a ◉).

5 Haga clic en **OK** para abrir el archivo.

> Puede eliminar un mensaje que ya no necesite. Eliminar mensajes evita que su carpeta se sature.

ELIMINAR UN MENSAJE

1 Haga clic en el mensaje que desea eliminar.

2 Haga clic en **Delete** para eliminar el mensaje.

■ Outlook Express quita el mensaje de la carpeta y lo pone en la carpeta Deleted Items.

Nota: Cuando elimina un mensaje de la carpeta Deleted Items, el mensaje será eliminado totalmente de su computadora.

CAPÍTULO 11

INTERCAMBIAR MENSAJES INSTANTÁNEOS

Lea este capítulo para descubrir cómo intercambiar mensajes instantáneos y archivos con sus amigos a través de Internet y utilizando Windows Messenger.

Windows Messenger

Puede utilizar Windows Messenger para ver si sus amigos están en línea e intercambiar mensajes instantáneos y archivos con ellos.

En línea
Ana
Bernardo
Juan

Fuera de línea
Carlos

...la. ¿Como estás?

INICIAR LA SESIÓN DE WINDOWS MESSENGER

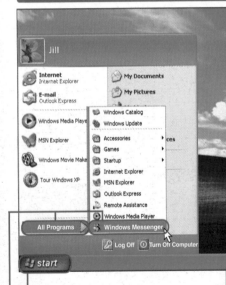

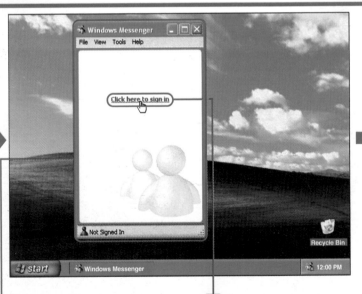

1 Haga clic en **start** para abrir el menú de Start.

2 Haga clic en **All Programs** para ver la lista de los programas de su computadora.

3 Haga clic en **Windows Messenger**.

■ También puede hacer doble clic en este icono (📇) para iniciar la sesión de Windows Messenger.

Nota: Si 📇 está oculto, puede hacer clic en ⦅◀⦆, en la barra de tareas, para desplegar el icono.

■ Aparece la ventana Windows Messenger.

■ Si ya inició la sesión de Windows Messenger, no necesita realizar los pasos del 4 al 6.

4 Haga clic en este vínculo para iniciar la sesión de Windows Messenger.

Nota: Si en ese momento no está conectado a Internet, aparece un cuadro de diálogo que le permitirá conectarse.

216

¿Por qué aparece un asistente cuando inicio la sesión de Windows Messenger?

La primera vez que inicia una sesión de Windows Messenger, aparece un asistente para ayudarle a agregar un Passport a su cuenta de usuario. Debe agregar un Passport a su cuenta de usuario para usar Windows Messenger. Siga las instrucciones del asistente para agregar un Passport a su cuenta de usuario.

¿Cómo puedo iniciar la sesión de Windows Messenger?

Cuando termine de usar Windows Messenger, puede cerrar la sesión del servicio.

1 Haga clic en **File**, en la ventana de Windows Messenger.

2 Haga clic en **Sign out.**

■ Aparece el cuadro de diálogo .NET Messenger Service.

■ Esta área muestra la dirección de correo electrónico.

5 Digite la contraseña. En caso de tener letras mayúsculas y minúsculas, asegúrese de digitarlas.

6 Haga clic en **OK** para iniciar la sesión.

■ Si ha agregado contactos a su lista, esta área exhibe los contactos que en ese momento están conectados y desconectados.

Nota: Para agregar contactos a su lista, refiérase a la página 218.

■ Puede hacer clic en este vínculo para leer sus mensajes de correo electrónico. Si tiene una cuenta de correo de Hotmail, el vínculo despliega el número de nuevos mensajes de correo electrónico que ha recibido.

Puede agregar una persona a su lista de contactos para ver cuándo están en línea y disponibles para intercambiar mensajes instantáneos.

Windows Messenger le permite agregar hasta 150 personas a su lista de contactos.

AGREGAR UN CONTACTO

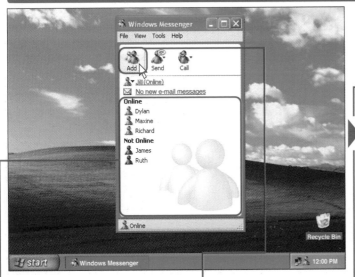

■ Esta área muestra a cada persona que ha agregado a su lista de contactos. Puede ver los contactos que están conectados y desconectados en ese momento.

1 Haga clic en **Add** para agregar una persona a su lista de contactos.

■ El asistente Add a Contact aparece.

2 Haga clic en esta opción para agregar un contacto especificando la dirección de correo electrónico de la persona (○ cambia a ◉).

3 Haga clic en **Next** para continuar.

¿A quién puedo agregar a mi lista de contactos?

Las personas que agregue a su lista de contactos requieren de un Passport. El Passport se obtiene cuando Windows Messenger se instala en su computadora. La gente que usa un programa compatible con Windows Messenger puede obtener Passport en el sitio web de passport.com.

¿Cómo elimino a una persona de mi lista de contactos?

En la ventana de Windows Messenger, haga clic en el nombre de la persona que desea eliminar de su lista de contactos y luego presione la tecla Delete. La persona ya no aparecerá en su lista de contactos

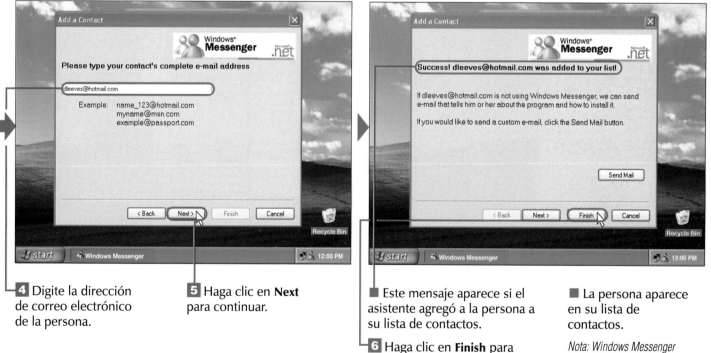

4 Digite la dirección de correo electrónico de la persona.

5 Haga clic en **Next** para continuar.

■ Este mensaje aparece si el asistente agregó a la persona a su lista de contactos.

6 Haga clic en **Finish** para cerrar el asistente.

■ La persona aparece en su lista de contactos.

Nota: Windows Messenger avisará a la persona que usted agregue a su lista de contactos.

Puede enviar un mensaje instantáneo a una persona de su lista de contactos. La persona debe estar conectada en ese momento a Windows Messenger.

Juan:¿Cómo está el clima por allá?

Para información sobre agregar una persona a su lista de contactos, refiérase a la página 218.

Cuando envíe mensajes instantáneos, no dé su contraseña ni información sobre su tarjeta de crédito.

ENVIAR UN MENSAJE INSTANTÁNEO

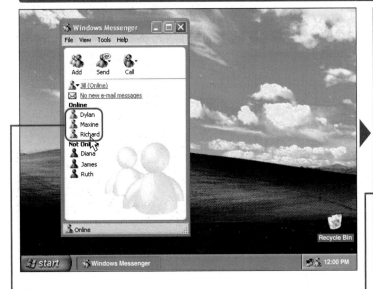

1 Haga doble clic en el nombre de la persona a la que le desea enviar un mensaje instantáneo.

■ La ventana Conversation aparece.

2 Haga clic en esta área y digite su mensaje.

Nota: Los mensajes pueden incluir hasta 400 caracteres.

3 Haga clic en **Send** para enviar el mensaje

Nota: También puede presionar la tecla Enter *para enviar el mensaje.*

SIMPLIFÍQUESE

¿Cómo puedo expresar emociones en mis mensajes instantáneos?

Si digita uno de los siguientes grupos de caracteres, Windows Messenger reemplazará automáticamente los caracteres con una imagen, llamada "emoticon". Los emoticonos o caras sonrientes le permiten expresar emociones en sus mensajes instantáneos.

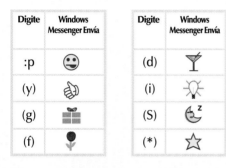

Digite	Windows Messenger Envía	Digite	Windows Messenger Envía
:p	😜	(d)	🍸
(y)	👍	(i)	💡
(g)	🎁	(S)	🌙ᶻ
(f)	🌷	(*)	☆

SIMPLIFÍQUESE

¿Qué debo considerar cuando envío un mensaje instantáneo?

LOS MENSAJES ESCRITOS EN MAYÚSCULAS SON MOLESTOS Y DIFÍCILES DE LEER. A ESTO SE LE LLAMA GRITAR. Siempre utilice letras mayúsculas y minúsculas cuando redacte un mensaje instantáneo.

¿CÓMO ESTÁS?

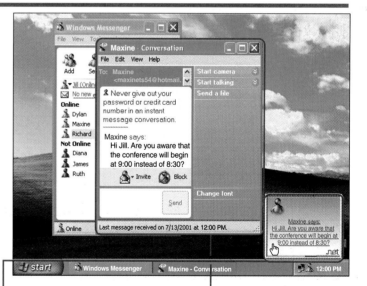

■ Esta área muestra el mensaje que envía en la conversación actual.

■ Esta área muestra la fecha y la hora en que la otra persona le envió el mensaje. Si la otra persona está digitando un mensaje, esta área se lo indica.

4 Cuando termine de intercambiar mensajes, haga clic en ⊠ para cerrar la ventana Conversation.

RECIBIR UN MENSAJE INSTANTANEO

■ Cuando reciba un mensaje instantáneo que no sea parte de la conversación actual, la computadora emitirá un sonido y desplegará brevemente un cuadro que contiene la primera parte del mensaje.

1 Para desplegar el mensaje entero, haga clic dentro del cuadro.

Nota: También puede hacer clic en el botón Conversation, en la barra de tareas para desplegar el mensaje entero.

■ La ventana Conversation aparece, desplegando el mensaje.

221

Al intercambiar mensajes instantáneos con otra persona, puede enviarle a esta un archivo.

Si su computadora está conectada a una red con una barrera protectora (firewall) quizás no pueda enviar un archivo.

ENVIAR UN ARCHIVO

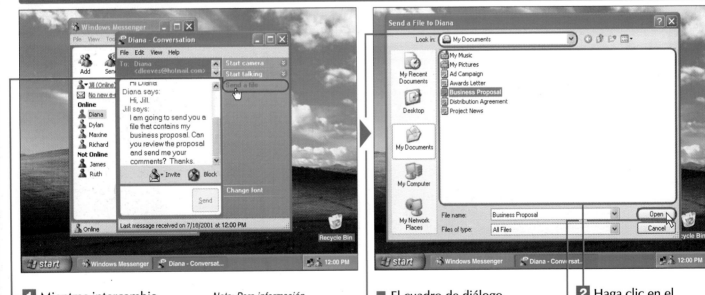

1 Mientras intercambie mensajes instantáneos con otra persona, haga clic en **Send a file**.

Nota: Para información sobre enviar a mensajes instantáneos, refiérase a la página 220.

■ El cuadro de diálogo Send a File aparece.

■ Esta área muestra la localización de los archivos desplegados. Puede hacer clic en esta área para cambiar la localización.

2 Haga clic en el archivo que desea enviar.

3 Haga clic en **Open** para enviar el archivo.

¿Qué tipos de archivos puedo enviar?

Puede enviar muchos tipos de archivos, incluyendo documentos, ilustraciones, sonidos, videos y programas. La computadora que recibe el archivo debe tener instalados el hardware y el software necesarios para desplegar o reproducir el archivo.

¿Hay otra forma de enviar un archivo?

También puede enviar un archivo adjuntándolo a un mensaje de correo electrónico. Esto es útil cuando desea enviar un archivo a una persona que no ha iniciado la sesión de Windows Messenger. Para adjuntar un archivo a un mensaje de correo electrónico, refiérase a la página 210.

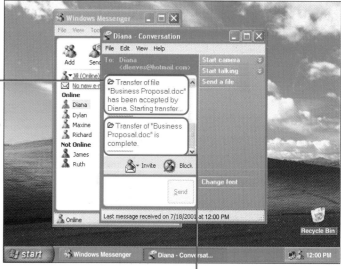

■ Esta área muestra el estado de la transferencia del archivo. La otra persona debe aceptar el archivo antes de que este se transfiera.

■ Si ya no desea enviar el archivo, puede hacer clic en **Cancel** para detener la transferencia del archivo.

*Nota: Después de que la otra persona acepte el archivo, la opción **Cancel** ya no está disponible.*

■ Este mensaje aparece cuando la otra persona acepta el archivo.a

■ Este mensaje aparece cuando la transferencia del archivo termina.

ÍNDICE